Highlights

KRETA

50 ZIELE, DIE SIE GESEHEN HABEN SOLLTEN

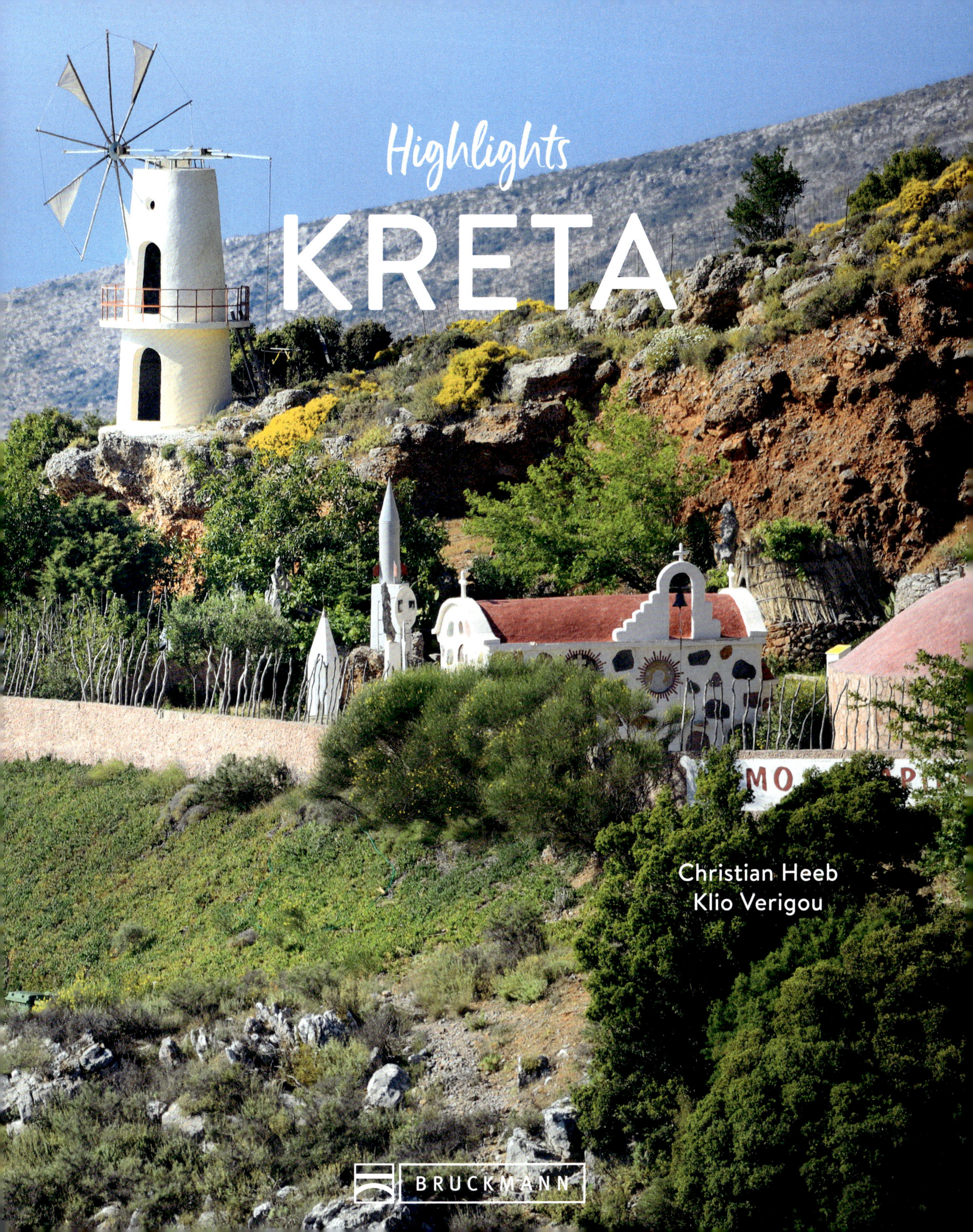

Highlights

KRETA

Christian Heeb
Klio Verigou

BRUCKMANN

INHALT

Auf Kreta gibt es Hotels für jeden Geschmack. Auch Hunde gönnen sich auf Kreta gerne ein Sonnenbad. Bunte Fischernetze prägen den Hafen von Ierápetra. Farbenfrohe Fensterläden und Türen begeistern in vielen Örtchen an der Südküste. Der Leuchtturm, Wahrzeichen Chaniás, wirkt im Sonnenuntergang noch einmal so schön. Man bleibt seinem Handwerk treu: Instrumentenbauer Antónis Stefanákis in Zarós (v.l.n.r.).

Kretisches Meer
GRAMVOÚSSA-HALBINSEL
48
Diktynnaion
Golf von Kissámou
RODOPOÚ-HALBINSEL
AKROTÍRI-HALBINSEL
Bálos
Bucht von Chaniá
Stavrós
40
Gouvernéto
Gonia
38
Agía Triáda
Falássarna
Kaliviani
Kastélli Kissámou
Chaniá
Marathi
47
Agía Marína
37
Soúda-Bucht
45
Soúda
Rókka
Kalámi
APOKÓRONAS-HALBINSEL
Potamída
46
Alikianós
41
Polirrínia
Aptera
Deliana
Vámos
Pánormos
Omalós-Hochebene
42
Réthimno
Kyriakoselia
Georgioúpoli
29
Melidóni-Höhle
Anisaraki
30
Margarítes
39
Weiße Berge
Kournás-see
Chrisoskalítissa
Samariá-Schlucht
Eléftherna
Arkádi
Zonianá
Anógia
Pachnés 2452 m
Arméni
49
Moní
Anidri
Argiroúpoli
Roústika
Elafonissi
Ida-Gebirge
Psiloritis 2456 m
50
Agía Roúmeli
36
Koxaré
Paleóchora
Soúgia
Idäische Grotte
Loutró
44
Plakiás
34
32
Ágios Pávlos
Chóra Sfakíon
43
Spíli
Amári-Tal
Frangokástello
Kédros 1777 m
Apodoúlou
35
Préveli
Kamáres
33
Festós
Agía Galíni
11
Agía Triáda
Kommós
Sívas
Pitsídia
Golf von Messará
Mátala
12
GÁVDOS
Highlights
Iráklio und die Provinz
Rund um Ágios Nikólaos und Ierápetra
Sitía und der Osten
Réthimno und das Hinterland
Chaniá und die Weißen Berge
Kastélli Kissámou und der Westen

N
0
10 km
Kloster
Archäolog. Fundstätte
Byzant. Kirche
Höhle, Grotte
Festung
DÍA
ía Pelagía
Golf von Iráklio
Iráklio
Amnissós
Eileithyia-Grotte
Knossós
Archánes
Pezá
Dáfnes
Vathypetro
Golf von Mália
Chersónissos
Mália
Kastélli
Arkalochóri
Priniás
Ágioi Déka
Áno Viános
Kató Sými
Arvi
Pyrgos
Mírtos
steroússia-Gebirge
apetaniana
Lassíthi-Hochebene
Psychro
Diktéon-Ándron-Höhle
Díkti-Gebirge
Mílatos
Dreros
Neapolis
Vrouchás
Pláka
Eloúnda
SPINALÓNGA
Lató
Kritsá
Kroústas
Males
Ágios Nikólaos
Golf von Mirabello
PSIRA
Móchlos
Kavoúsi
Gourniá
Vasilikí
Episkopí
Ierápetra
CHRISSÍ
Sfáka
Chamézi
Sitía-Gebirge
Makrigialós
Moní Kapsá
Sitía
Toploú
Vái
Ítanos
DRAGONÁDA
GIANITSÁDA
Palaíkastro
Zákros
Káto Zákros
Praisós
Chandrás-Hochebene
Xerókambos
Straße von Koufonísi
KOUFONÍSI
Libysches Meer
1
2
4
5
6
10
13
14
15
16
17
18
19
20
21
22
23
24
25
26
27
28

DIE INSELVIELFALT IN ZAHLEN

Wie facettenreich Kreta ist, lässt sich sicherlich nicht in Zahlen fassen. Die vielen Seiten dieser Insel muss man vor Ort entdecken und in vollen Zügen erleben. Dennoch sind einige Fakten über die südlichste Insel Europas – von der winzigen zu Kreta gehörigen Insel Gávdos einmal abgesehen – erstaunlich, spannend und unbekannt.

Kreta kreuz & quer

Die Insel Kreta ist 8336 Quadratkilometer groß und hat eine Küstenlänge von 1046 Kilometern. Kreta ist etwa 260 Kilometer lang und 12 bis 60 Kilometer breit. Im Norden wird die Insel vom Kretischen Meer und im Süden vom Libyschen Meer gesäumt. Kreta ist die größte Insel Griechenlands und nach Sizilien, Sardinien, Zypern und Korsika die fünftgrößte im Mittelmeer. Kreta fasziniert mit eindrucksvoller Vielfalt und hält auch für die vielen Stammgäste immer Überraschungen bereit: Sowohl die quirligen Städte als auch die stillen Bergdörfer lassen sich immer wieder neu entdecken. Die wunderschönen Strände und herrlichen Landschaften versprechen Urlaub für jeden Geschmack. Kulturfans freuen sich auf mehr als 800 Kirchen und Klöster und natürlich auf die Reise zur Wiege Europas.

120 Blaue Flaggen

zierten im Jahr 2021 die kretische Küste. Die mit diesem Umweltzeichen ausgezeichneten Strände zeugen nicht nur von einer ausgezeichneten Wasserqualität, sondern auch von der scheinbar endlosen Strandvielfalt, mit der Kreta Jahr für Jahr zahlreiche Badeurlauber anlockt.

300 Sonnentage

zählt Kreta ungefähr im Jahr. Griechenlands größte Insel gilt damit neben Zypern als sonnigste Insel im Mittelmeer. Im Juli und August regnet es fast nie. Bis zu 13 Sonnenstunden täglich machen Kreta zum beliebten Ziel für Strandurlauber.

2456 Meter hoch

ist der Psiloritis, Kretas höchster Berggipfel im Ida-Gebirge. Der Pachnés ist zweithöchster Berg und höchster Gipfel der Weißen Berge. An dritter Stelle steht das Díkti-Gebirge mit seinem Gipfel Spathí und einer Höhe von 2148 m im Osten. Kreta zählt insgesamt also drei Gebirge mit über zweitausend Metern Höhe.

30 Millionen

Olivenbäume sollen auf Kreta wachsen. Kein Wunder, dass fast jede Familie ihr eigenes Olivenöl produziert und Kreta zu den wichtigsten Olivenöl-produzenten Europas gehört. Mit fast zwölf Litern pro Kopf pro Jahr sind die Griechen außerdem Weltmeister im Verbrauch.

Gut 1,7 Millionen

Schafe und über eine halbe Million Ziegen bevölkern die kretische Landschaft und sorgen auf der einen oder anderen Straße in den Bergen auch mal für einen Stau. EU-Subventionen machen es möglich. Der Bestand an Schafen und Ziegen hat sich in den letzten Jahrzehnten nahezu verdoppelt.

29 Hochebenen

birgt die kretische Gebirgswelt. Sie liegen auf verschiedenen Höhen. Den Wolken am nächsten ist das 25 Quadratkilometer kleine Nída-Plateau, das sich auf etwa 1350 Metern Höhe erstreckt. Am bekanntesten ist die knapp 130 Qudratkilometer große Lassíthi-Hochebene. Ihre Dörfer verteilen sich auf rund 850 Metern Höhe.

400 Schluchten

verlaufen kreuz und quer durch Kretas Gebirgswelt und führen oft bis hinunter zum Meer. Kreta zählt die meisten Schluchten Griechenlands und lockt somit zu ausgiebigen Wanderungen. Die längste ist die 18 Kilometer lange Samariá-Schlucht.

1200 Gäste

sind bei traditionellen kretischen Hochzeiten guter Durchschnitt. Je nach der Region, aus der das sich trauende Paar stammt, kommen manchmal auch bis zu 3000 oder sogar mehr Gäste zusammen. Dann entwickelt sich eine Hochzeit schon mal zum Dorffest.

2000 Pflanzenarten

sorgen in der kretischen Landschaft immer noch für außerordentliche Vielfalt, auch wenn sich die Pflanzenwelt an die menschlichen Einflüsse anpassen musste. Von zehn Pflanzen ist eine endemisch und wächst nirgendwo sonst. Die Artenvielfalt wird Besuchern insbesondere im Frühling bewusst. Dann blüht alles, was Kreta an Pflanzen zu bieten hat.

In der Lagune von Bálos ist es zum romantischen Sonnenuntergang wunderschön ruhig.

WELT ZWISCHEN BERGEN UND MEER – KRETA

Die Insel Kreta zeigt sich in jeder Hinsicht als farbenprächtiges Mosaik. Die in allen Blautönen schimmernde Ägäis und das Libysche Meer säumen lange Sandstrände und verträumte Buchten an einer über 1000 Kilometer langen Küstenlinie. Schroffe, über 2000 Meter hohe Gebirge verstecken im Landesinneren fruchtbares Ackerland und grüne Täler. Ursprüngliche Dörfer im Dornröschenschlaf zeugen von Traditionen, lebhafte Städte von modernstem kretischem Lifestyle. Dazwischen sind das Erbe einer über 3500 Jahre alten Hochkultur und unzählige Spuren aus späteren Epochen zu finden.

Griechenlands größte Insel verspricht einen facettenreichen Urlaub. Oft liegen stille und traditionelle Bergdörfer nur einen Katzensprung von den quirligen Urlaubsorten und den idyllischen Fischerdörfchen entfernt. In herrlichen, oft einsamen Landschaften haben unterschiedliche Kulturen ihre Spuren hinterlassen, darunter vor allem die Minoer als erste Hochkultur auf europäischem Boden. Kreta bietet Urlaub für jeden Geschmack. Nicht ohne Grund sagen viele Einheimische gerne, dass Kreta in ihren Augen keine Insel ist. Für die Kreter ist ihre Heimat ein eigener kleiner Kosmos, in dem man sich an alte Traditionen hält und versucht, nach individuellen Grundsätzen, Werten und Regeln zu leben. Und wenn man es nicht ganz genau nimmt, haben sie vom Gefühl her vermutlich recht. Das etwa 260 Kilometer lange und zwölf bis 60 Kilometer breite Eiland verbindet Insel- und Festlandsflair und bietet auch denjenigen, die immer wiederkommen, jedes Mal ein Stückchen mehr. Hauptsache, man nimmt sich wie die Kreter täglich aufs Neue genügend Zeit.

Bade- oder Bergurlaub?

Ob mit dem Auto, Moped oder Linienbus – täglich lässt sich auf Kreta Strand- mit Bergurlaub kombinieren. Sonnenhungrige, Strandliebhaber und Aktive kommen sowohl an kilometerlangen Sand- oder Kiesstränden an der Nordküste als auch zwischen hohen Dünen und in verschwiegenen Buchten auf ihre Kosten. Für Südseeflair sorgen die großen Palmenhaine von Préveli und Vai. Die exotischen feinsandigen Lagunen von Elafonísi und Bálos, die mit seichtem, in jeglichen Blau-, Grün- und Türkistönen schillerndem Wasser aufwarten, sind für viele – zumindest außerhalb der Saison – ein kleines Paradies. Doch Kreta steht nicht nur für Sonne, Strand und Meer. Kulturinteressierte treffen oft gleich am Strand wie bei den minoischen Palästen in Mália oder Káto Zákros auf historische Attraktionen.
Im Hintergrund erhebt sich die faszinierende Gebirgskulisse mit dem 2456 Meter hohen Psiloritis als höchstem Gipfel. Kretas bis in den Frühling meist schneebedeckten Berge mit versteckten Hochplateaus und fruchtbaren Ebenen schieben sich wie ein Riegel zwischen die Nordküste mit ihren reizvollen Städten und den quirligen Touristenzentren und die Südküste mit stillen idyllischen Dörfern, die Individualreisenden gefallen. Begleitet vom Oregano- und Thymianduft führen steile Serpentinen, auf denen Schafe und Ziegen gelegentlich zu kurzen Pausen zwingen, hinauf zu ursprünglichen Dörfern mit romantischen Berghotels und urigen Tavernen. Außer Olivenhainen, Weinbergen sowie vielen Orangen- und Zitronenbäumen sorgen im Frühjahr Obst- und Mandelbäume, Meere aus Klatschmohn, Ginster, Narzissen, Oleander und prächtige Bougainvilleen für ein herrliches Farbenspiel. Mitten im Nirgendwo tauchen plötzlich jahrhundertealte geschichtsträchtige Klöster wie Arkádi oder Toploú und idyllische byzantinische Kapellen auf.
Gen Süden führen zahlreiche wilde Schluchten wie Samariá oder Ímbros nicht nur erfahrene Wanderer aus der Bergwelt ans Libysche Meer.

↑ Archäologische Stätten wie der Palast von Knossós begeistern sowohl Archäologie-Kenner als auch Neulinge.
← Ideal für Individualurlauber ist die Südküste, die vom Massentourismus weitgehend unberührt ist.

Auf den Spuren der Geschichte

Wer das wahre Kreta kennenlernen und verstehen möchte, sollte sich natürlich auch mit den Menschen und mit der Geschichte der Insel befassen. Nicht ohne Grund wird Kreta als »Wiege Europas« bezeichnet. Schließlich verdankt unser Kontinent der Insel seinen Namen. In Mátala soll dem Mythos nach der in einer Höhle auf der Lassíthi-Hochebene geborene Göttervater Zeus mit der von ihm entführten phönizischen Königstochter Europa an Land gegangen sein. In Górtis zeugten sie ihren Sohn Mínos, der Herrscher über Kreta wurde und seinem Volk, der ersten Hochkultur Europas, ihren Namen gab. Die Minoer erlebten zwischen 1700 und 1450 v. Chr. ihre Blütezeit. Unzählige Zeugnisse der minoischen Kultur liegen wie in einem riesigen Freilichtmuseum überall auf der Insel verstreut. Man begegnet ihr in den vier großen Palastzentren Knossós, Mália, Festós und Zákros sowie in Nekropolen, Heiligtümern, Kulthöhlen und natürlich in Archäologischen Museen, die umfassende Sammlungen der einzigartigen minoischen Kunst wie Keramik, Schrifttafeln, Fresken und Schmuck präsentieren.
Den Minoern folgten nach 1450 v. Chr., als alle Palastzentren vermutlich durch ein Erdbeben zerstört wurden, die vom griechischen Festland stammenden Mykener. Ab etwa 1200 v. Chr. kamen die griechischstämmigen Dorer, mit denen Kreta sowohl kulturell als auch wirtschaftlich einen Niedergang erlebte. Erst ab dem 7. Jahrhundert v. Chr. entwickelten sich auf Kreta wie in ganz Griechenland Stadt- und Inselstaaten. Eindrucksvolle Überreste aus der Antike liegen in Lató und Polirrínia. Aus der Klassik fasziniert besonders die spätere Hauptstadt Górtis aus der Römerzeit mit dem ältesten Gesetzeskodex Europas von 450 v. Chr. Mit der Eroberung durch die Römer 67 v. Chr. gewann Kreta als Teil einer römischen Provinz wieder an Stabilität. Besonders deutlich sind jedoch die Spuren aus der byzantinischen Epoche, als Kreta mit der Teilung des Römischen Reichs 395 n. Chr. an Ostrom fiel und von Byzanz (dem heutigen Istanbul) aus regiert wurde. Über 1000 Kirchen und Kapellen sind auf der gesamten Insel aus dieser Zeit noch erhalten.

Spuren Venedigs und des Orients

Ab 1204 herrschte Venedig für mehr als 400 Jahre auf Kreta und prägte nicht nur die Architektur, sondern mit dem intensiven Olivenanbau auch die Landschaft. Die Venezianer sorgten für Festungen in den Städten, auf Spinalónga und Gramvoússa. In den Städten und im Kirchenbau flossen Elemente aus Gotik und Renaissance ein, wie in Arkádi oder im Kloster Agía Triáda auf der Arkotíri-Halbinsel. Weitere Nachlässe Venedigs sind besonders gut in Chaniá und Réthimno zu sehen. Viele kleine venezianische Stadtpaläste wurden zu romantischen und stilvollen Stadthotels umgewandelt. In den beiden Städten sowie in Ierápetra trifft man auch auf osmanisches Erbe. 1645 lösten die Osmanen die vorherigen Herrscher ab. Da die Kreter viele osmanische Bauwerke nach der Befreiung im Jahr 1898 zerstörten und ihr kultureller Wert erst in den 1970er-Jahren erkannt wurde, ist orientalisches Flair nur noch in wenigen Ecken der Insel zu spüren. Die Osmanen bauten Minarette und verwandelten Kirchen in Moscheen. An alten, teilweise denkmalgeschützten Häusern in Réthimno und Chaniá fallen besonders die typischen osmanischen Holzerker auf.

Tradition und Moderne im Einklang

Gewiss ist Kreta nicht in der Vergangenheit stehengeblieben, auch wenn die lange Fremdherrschaft nicht nur in der Architektur, sondern auch in der Kultur ihre Spuren hinterlassen hat. Bis heute erinnern Monumente wie das Kloster Arkádi an die Freiheitskämpfe gegen die Osmanen und Gedenkstätten für die kretischen Opfer an den Widerstand im Zweiten Weltkrieg. Jahrhundertelang versuchten die Kreter, ihre Werte und Traditionen aufrechtzuerhalten. Daraus entwickelten sich auch ihre wichtigen Güter: Familie, Freundschaft, Freiheitsliebe und Geselligkeit. Eine wichtige Rolle spielte bei Freiheitskämpfen außer dem Zusammenhalt immer wieder die griechisch-orthodoxe Kirche, die auch heute einen großen Stellenwert in der griechischen Gesellschaft hat. Die Hauptkirchen stehen in Städten und Dörfern immer auf einem zentralen Platz *(platía)*, der in Dörfern – meist umgeben von traditionellen Kaffeehäusern *(kafenía)* – das Zentrum des öffentlichen Lebens darstellt.
Im *kafenío* sind die Geselligkeit und die Gastfreundschaft der Kreter gut zu spüren. Häufig kommt man dort mit den Einheimischen ins Gespräch oder wird schon morgens zum Rakí, dem inseltypischen Tresterschnaps, eingeladen. In Städten und Badeorten werden die *kafenía* zunehmend verdrängt.
Das jüngere Publikum bevorzugt trendige Cafés mit Loungedesign und kostenlosem WLAN- Zugang und trinkt lieber eisgekühlten Freddo Espresso oder Capuccino statt Mokka.
Doch keiner vergisst die Traditionen. Am Wochenende und an Feiertagen geht es gerne zu den Großeltern ins Dorf. Bei der Landarbeit werden schließlich alle Hände benötigt, und die Familie stärkt einem den Rücken. So trifft man auf Dorffesten zwischen dunkel gekleideten älteren Leuten oft auch auf junge Menschen in Designerkleidung. Es gilt, Traditionen mit dem modernen Lebensstil in Einklang zu bringen.

Serpentinen mit herrlichem Panorama führen immer wieder von der Küste hinauf in die ursprünglich gebliebene kretische Bergwelt, etwa zur Lassithi-Hochebene.

→ Die Dorfplätze mit ihren Kirchen bieten meist schattige Ecken und sind Mittelpunkt des Lebens.
↑ Kreta verspricht Urlaub für jeden Geschmack: Eindrucksvolle Strände wie der berühmte Palmenstrand von Vái begeistern.
← Fisch essen sollte man in Tavernen am Meer wie am venezianischen Hafen von Réthimno.

Rund um den venezianischen
Hafen von Iráklio vereint sich
Tradition mit Moderne

WO DAS
LEBEN TOBT
Iráklio und
seine Provinz

Kretisches Meer
Akr. Marmara
Nisi Petalidi
Mavromouri
268
Akr. Anginara
Akr. Korakias
Nisi Paximadi
Nisi Dia
Akr. Stavros
Vrahos Afrato
Akr. Korakias
Ormos Baliou
Akr. Diapori
Akr. Stavros
Ormos Alikis
Ormos Fodele
Akr. Dia
Ormos Agias Pelagias
Akr. Tripiti
Akr. Panagia
Astali
Bali
Panagia Harakiani
Agia Pelagia
3
Moni Baliou
90
E 75
Sises
Ormos Fodele
Ahlada
Oros Kouloukonas
Moni Vosakou
Fodele
Vasiliko 734
Moni Savathianon
Agia
Koutsotroulis 1083
Aloides
Moni Pandeleimon
Rogdia
Paleokastro
Mourtzana
Kambos
Marathos
IRÁKLIO
Alikarnassos
Agios Ioannis
Garazo
Damasta
800
Stroumbolas
1
Amnisos
Cretaquarium
Gournes
Liména Chersonísso
Omala
Moni Halepas
Aidonohori
Arolithos
Gazi
2
Eileithyia Spilia
Nirou Hani
Moni Diskouriou
Veni
Axos
Aimonas
Astiraki
Kavrohori
Fortetsa
Prasas
Anopoli
Gouves
Agriana
Kamariotis
Tilissos
Tilissos
4
Knossós
Elia
Moni Theologou
Sfendoni-Höhle
Knossos
Koxari
Krana
Zonianá
Anógia
Gonies
Sklavokampos
Moni
Ano Kalessia
Spilia
Skalani
Agios Ioannis
Haraso
Kalo Horio
Sitaras 1575
Hameni 1281
Keramoutsi
Agios Sillas
Patsides
Episkopi
Korfes
Voutes
Athanati
Fourni
Galifa
Potamies
Loutraki
Anemospilia
Kato Arhanes
Lagos
Ida-Gebirge
Petrokefalo
Jouchtas 811
Mirtia
Moni Angarathou
Agios Panteleimon
Gournos 1292
Krousonas
5
Kounavi
Psiloritis 2456
Moni Agia Irini
Archánes
Kazantzakis-Museum
Apostoli
Kastelli
Agios Mironas
Dafnes
Kaloni
Agios Paraskies
Zofori
Lytto
Ideo Andro
Skinakas 1752
Moni Gorgolaini
Profitis Ilias
Vathypetro
Houdetsi
Thrapsano
Analipsis
Nida-Hochebene
Kato Asites
Venerato
Voni
Amariano
Giorifos-Tal
Moni Spilliotissa
Moni Agia Marina
Mavri 1980
Giristi 1779
Pirgos
Kiparissos
Roukani
Armaha
Alikadani 1920
Rhizenia
Kalos
Houmeri
Arhontiko
Prinias
Partheni
Patsideros
Gerak
Lohria
Kamares
Moni Agios Nikolaos
97
Agios Thomas
Monodendri 802
Karkadiotissa
Panorama
Zinda
Arkalochori
Nipiditos
Roúvas-Schlucht
Agia Varvara
Vorizia
Zaros-See
Pantaleon
Arkadi
Metaxohori
Agia Semni
Vathiako
Moni Valsamonerou
7
Gergeri
Megali Vrissi
Genna
Kato Poulia
Avli
Panagia
Sata
Magarikari
Zarós
Armanogia
Partira
Arkades
Afrati
Laloumas
Melidochori
Klima
Lagoli
Apomarma
Ano Moulia
Haraki
Pirathi
Kasanos
Kalohorafitis
Kato Moulia
Larani
Mahera
Karavados
Moroni
Tefeli
Badia
Moni Kardiotisis
97
Ano Akria
Inio
Timbaki
Galia
Roufas
Vourvoulitis
Inia
Diakoniaris
Mar
Vori
Valis
Ligortinos
Drapeti
Garipa
Lagouta
8
Górtis
Moni Kaliviamis
Gangales
Neohori
Kalivia
Skinias
Mires
Stoli
Sokaras
Mesi
11
Agii Deka
Asimi
Kefalados
Priansos
Agia Triáda
11
Festós
Messara
Loures
Protoria
Ano Kastelliana
Demati
Hondro
Kamilari
Petrokefali
Houstouliana
Moni Fountadon
Kefala Hon 735
Anapodaris
Kalamaki
Kommos
Kousses
Peri
Vagionia
Dionissio
Rotasi
Pitsidia
Pombia
Alithini
Plora
Stavies
Sternes
Harakas
Pirgos
Mesohori
Vivi
Vasilika Anogia
Listaros
Keratokami
Ahendrias
Inatos
302
Agios Kirillos
Loukia
Mátala
12
Pigedakia
Vassiliki
10
Prinias
Ethia
Tsoutsouros
Moni Apezanou
Asterousia Ori
Miamou
Kremasto 969
Ormos Keratokami
Moni Odigitrias
Paranimfi
Kofinas 1231
Kapetaniana
Tris Ekklisies
Akr. Vages
Antiskari
Lassaia
Agion-Sava-Schlucht
Moni Koudouma
Ormos Vala
Ormos Kalami
Akr. Gatis
Levin
9
Platia Peramata
Kali Limenes
Papadogiannis
Ormos Shinias
Akr. Martelos
Léndas
Akr. Antena
Akr. Kefalas
Akr. Trafoulas
Akr. Lithino
Akr. Trahili
Libysches Meer
N
0
5 km

IM INSELZENTRUM AUF
DEN SPUREN DER MINOER

ROUTE DURCH DIE PROVINZ IRÁKLIO

Die Inselmitte ist heute wie früher die meistbesiedelte Region Kretas. Mit dem Palast von Knossós und anderem minoischem Erbe ist sie außerdem die Wiege der europäischen Kultur. Kretas Zentrum ist ein Paradies für Archäologie-Fans, aber auch die Bettenhochburg der Insel. Es lockt mit Stränden und mit kretischer Lebensart.

Ganz gleich, ob sich Urlauber in eine Unterkunft in 1 **Iráklio** oder in einem der vielen Hotels von 6 **Chersónissos** einquartiert haben, die Erkundung des Inselzentrums startet nahe dem größten Flughafen Kretas. In der Inselhauptstadt taucht man hervorragend ins moderne kretische Leben ein. Außerdem bietet Iráklio gute Einkaufsmöglichkeiten und eine interessante Auswahl an Restaurants und Museen. Unbedingt lohnt ein Blick ins 2 **Archäologische Museum**. Dort und in der Ausgrabungsstätte 4 **Knossós**, dem größten Palast der Minoer, erfährt man viel über die erste Hochkultur Europas. Wer etwas Dorfluft schnuppern möchte, fährt von Knóssos weiter zum hübschen Weindorf 5 **Archánes**, verweilt in einer Taverne auf der *platía* und besucht die Weingüter der Gegend. Durch Weingärten und die hügelige Landschaft geht es aus dem lebendigen Inselnorden in den Süden. Als Ausgangspunkt für die Erkundung des 10 **Asteroússia-Gebirges** ist Kapetanianá gut geeignet. Tolle Wanderungen und Off-Road-Touren führen auf Gipfel und zu einsamen Stränden wie Trís Ekklisíes oder Ágios Ioánnis. Bevor es in den lebhaften Urlaubsort 12 **Mátala** geht, kann man es sich in dem abgeschiedenen kleinen Küstenort 9 **Léndas** gemütlich machen, zu dem sich die Straße aus den Asteroússia-Bergen hinabschlängelt. Danach eignet sich der einstige Hippie-Spot Mátala als Quartier, um die archäologischen Stätten 11 **Festós** und **Agía Triáda** zu besuchen. Die Straße führt dann durch das Provinzstädtchen Míres nach 8 **Górtis**, der bedeutendsten antiken Stätte der Insel. Von dort geht es wieder hinauf in die Berge. Das Dorf 7 **Zarós** liegt am Südhang des Psilorítis nahe der Roúvas-Schlucht. Von Zarós aus geht es an dem großen Dorf Agía Varvára vorbei wieder zurück an die Nordküste. In dem auch bei den Städtern aus Iráklio beliebten Küstenort 3 **Agía Pelagía**, der westlich der Inselhauptstadt liegt, kann man die Tour gemütlich abschließen.

INFO

TOUR

Start: Iráklio bzw. Chersónissos
Ziel: Agía Pelagía
Länge: 268 km
Dauer: 7 Tage
Beste Reisezeit: Sommerhalbjahr
Unterkünfte: Artion, Iráklio, www.artioncityhotel.gr, Creta Maris Beach Resort, Chersónissos, www.cretamaris.gr, Inotropés, Archánes, www.inotropes.gr, Thalóri, Kapetanianá, www.thalori.com, Galini Apartments, Léndas, www.galinilentas.com, Die zwei Brüder, Mátala, www.diezweibrudermatala.com, Eleonas, Zarós, www.eleonas.gr, Dora Apartments, Agía Pelagía, www.doraapartments.com

WEITERE INFOS

Weinliebhaber legen einen Stopp beim Weingut Lyrarakis in Alágni ein, www.lyrarakis.com. Kulturfans besuchen nahe Archánes das Kazantzákis-Museum in Mirtiá, www.kazantzaki.gr. Von Agía Pelagía lohnt der Ausflug in das winzige Dorf Fódele.

DIE PULSIERENDE INSELMETROPOLE

KRETISCHER LIFESTYLE – IRÁKLIOS ALTSTADT

Gewiss ist Kretas Hauptstadt nicht das typische Ziel für einen Sommerurlaub. Sie gilt als laut und chaotisch und hat sich vergleichsweise wenig historisches Flair bewahrt. Iráklio überzeugt jedoch alle, die sich für einige der besten Museen Kretas interessieren, und diejenigen, die in das moderne kretische Leben eintauchen wollen. Die Stadt am Meer lebt, sowohl im Sommer als auch im Winter.

1

Wer in Kretas größter Stadt nach historischem Flair sucht, wird enttäuscht. Anders als in anderen seit Jahrtausenden besiedelten Orten zeugt in Iráklio nur wenig von seiner Vergangenheit. So ist an keinerlei Bauresten mehr zu erkennen, dass das heutige Stadtgebiet der ersten Hochkultur Europas, den Minoern, vor über 3500 Jahren als Hafen des berühmten Palastzentrums von Knossós diente. Die meisten der wenigen historischen Gebäude in Iráklio, das auch unter dem Namen Heráklion bekannt ist, stammen aus der venezianischen Epoche (1204–1669). Viele Bauwerke aus der nachfolgenden osmanischen Zeit (1669–1898) zerstörten die Kreter nach der Befreiung 1898 selbst. Im Zweiten Weltkrieg wurde schließlich mehr als die Hälfte aller Gebäude von deutschen und italienischen Truppen zerbombt. Die entstandenen Lücken dienten den Kretern als neues Bauland, sodass Iráklio seit dem Beginn der Landflucht in den 1960er-Jahren planlos wächst. Das Stadtgebiet zählt mit den eingemeindeten Vororten mittlerweile knapp 151 000 Einwohner und ist Kretas Handels- und Industriezentrum.

Iráklios Fährhafen und der stadtnahe Flughafen sind die wichtigsten der ganzen Insel. Rund anderthalb Millionen Touristen sitzen jährlich in den Tag und Nacht über die Dächer der Stadt hinwegfliegenden Chartermaschinen. Doch nur wenige verbringen nach der Ankunft am viel zu kleinen Flughafen auch ihren Urlaub in der viertgrößten Stadt Griechenlands, obwohl es sich durchaus lohnt, einige Tage in Iráklio zu bleiben. In den Sommermonaten ist Iráklio vor allem bei Tagestouristen beliebt. Scharen von Kreuzfahrttouristen, Badeurlauber aus den umliegenden Küstenorten und diejenigen, die Museen besuchen möchten, mischen sich unter die Einheimischen. Kein Wunder, dass in den letzten Jahren stark und erfolgreich am Stadtbild gearbeitet wurde. Viele der tags und nachts mit Leben erfüllten Straßen und Plätze der Innenstadt wurden gepflastert und sind inzwischen autofrei. Historische Hausfassaden werden nach und nach restauriert.

Imposante Stadtmauer

Das sehens- und erlebenswerte Zentrum wird von der 3,5 Kilometer langen venezianischen Stadtmauer aus dem 16. Jahrhundert umschlossen. Errichtet wurde der wehrhafte Bau einst zum Schutz vor den Osmanen, die Iráklio, damals Candia genannt, 21 Jahre lang belagerten. Teile der Mauer mit den einst acht Toren und sieben Bastionen kann man beispielsweise am restaurierten, abends beleuchteten »Neuen Tor« (griechisch Kenoúrgia Pórta) oder an der Martinéngo-Bastion mit dem Grab des Dichters Níkos Kazantzákis (1883–1957) begehen. Vom Steingrab des kretischen Dichters, der mit dem Roman Alexis Sorbas bekannt wurde und religiöse Heuchelei und die osmanische Herrschaft thematisierte, hat man einen fantastischen Blick über die Dächer der Stadt. Die Inschrift auf seinem Grabstein »Ich hoffe nichts, ich fürchte nichts, ich bin frei« zeugt von einer Lebenseinstellung, die viele Kreter bis heute teilen.

Im weiten Areal zwischen Stadtmauer und Meer pulsiert das kretische Leben. Auf Plätzen, in Straßen und Gassen treffen sich Kreter jeder Altersklasse zum Kaffeetrinken, Essen, Einkaufen und Ausgehen. Da Kretas Hauptstädter mit dem Trend der Zeit gehen – auch wenn fast alle versuchen, zwischen Moderne und Tradition zu *balancieren* –, ändern sich die aktuellen Hotspots der Stadt immer wieder. Cafés, trendige Lounge-Bars und auf modern getrimmte *rakádika* mit Thekenbetrieb und Tanz locken nicht nur zahllose junge Leute an. Vor allem im Sommer trifft man in den Straßen oder in Tavernen auch am späten Abend noch auf Familien mit Kindern. Die Kleinen gehören auf Kreta nämlich überall dazu.

Lokale für jeden Geschmack findet man beispielsweise an der Platía Venizélou, am El-Gréco-Park, in der Odós Koraí, an der Platía Eleftherías oder in den Gassen nahe der Kirche Ágios Minás.

← Wehrhaft wirkt bis heute die markante venezianische Festung Koúles am Fischerhafen von Iráklio.
↗ Der Morosíni-Brunnen ist das Wahrzeichen der Stadt und ein beliebter Treffpunkt.

Streifzug durch Gassen und Straßen

Erster Anlaufpunkt ist in Iráklio auch für Archäologie-Muffel meist das Archäologische Museum an der Platía Eleftherías mit seiner einzigartigen minoischen Sammlung. Wer frühmorgens unterwegs ist, erlebt am großen Freiheitsplatz, wie die Stadt erwacht: Städter sind auf dem Weg zur Arbeit, Bauern vom Land erledigen Behördengänge, und junge Leute stärken sich vorm Schlafengehen nach langen Party-Nächten. Über die Odós Dedálou geht es zum Wahrzeichen der Stadt: dem Morosíni-Brunnen von 1628 auf der quirligen, autofreien und von Cafés gesäumten Platía Venizélou. Die Kreter nennen den populären Treffpunkt im Herzen der Stadt nach den vier auf dem Brunnen sitzenden Löwen kurz *liontária*. Aus venezianischer Zeit stammen auch die ehemalige Kirche Ágios Márkos schräg gegenüber, die jetzt als städtische Pinakothek dient, und das nördlich thronende Rathaus. Es wurde zwischen 1626 und 1628 als Loggia, also als Clubhaus für die venezianische Oberschicht, errichtet.
Besonders Kirchenfans kommen am Platz dahinter mit der dem ersten Bischof Kretas geweihten Kirche Ágios Títos voll auf ihre Kosten. Das im 19. Jahrhundert als Moschee erbaute Gotteshaus wurde erst 1922 zur griechisch-orthodoxen Kirche umgewandelt. Der Ansatz eines Minaretts zeugt von ihrer ehemaligen Funktion. Im Inneren ruht in einer moslemischen Grabnische seit 1966 die Schädelreliquie des Apostel Titus, die während der osmanischen Herrschaft in Venedig aufbewahrt wurde.
Ein weiteres wichtiges Bauwerk ist die südwestlich an der Platía Agías Ekaterínis stehende Hauptkirche der Stadt. Die Kathedrale Ágios Minás wurde zwischen 1862 und 1895 erbaut und in der zweiten Hälfte des 20. Jahrhunderts mit traditionellen Wandmalereien ausgeschmückt. In der kleinen, von innen restaurierten Kirche Agía Ekateríni aus dem Jahr 1555 gleich nebenan ist ein sehr interessantes Ikonenmuseum untergebracht.

Eine Stadt am Meer

Erst im letzten Jahrzehnt haben sich die Stadtväter von Iráklio um die Gestaltung einer Uferpromenade gekümmert – mit Erfolg. Aus einer recht trostlosen Gegend hat man einen beliebten Treffpunkt aller Altersklassen gemacht. Trotz der erhöhten Lautstärke durch die angrenzende Uferstraße lädt die Promenade mit wenigen Palmen, Grünflächen und Bänken auf etwa zwei Kilometern zu schattenlosen Spaziergängen, zum Fahrradfahren oder zum süßen Nichtstun ein. Wer dort flaniert oder die Straße entlangfährt, kann bei Museen, in Cafés und Restaurants einen Halt einlegen.
Während die Gegend zwischen dem venezianischen Hafen mit Sehenswürdigkeiten und Fischtavernen, die sowohl im Sommer als auch im Winter geöffnet haben, jegliche Altersklassen anzieht, begeistert der westliche Teil der Leofóros Sofoklí Venizélou besonders am Abend mit einigen stylischen Open-Air-Bars und Cafés sowie tagsüber mit dem kleinen Shopping- und Gastronomie-Zentrum Talos Plaza. In den trendigen Lokalen an der Promenade feiern in heißen Sommernächten die jungen, gestylten Iraklióten vorwiegend bei griechischer und englischer Pop- und Housemusik.
Im Winter wandert die junge Szene in die Clubs und Bars im Stadtzentrum ab.

Rund um den venezianischen Hafen

Am schnellsten kommt man über die Fußgängerzone Odós 25is Avgoústou, die von der Platía Venizélou zur Platía 18 Ágglon am venezianischen Hafen führt, von der Altstadt zum Meer. Rechts von der Platía 18 Ágglon erheben sich die Reste der abends beleuchteten venezianischen Schiffshallen, die einst direkten Zugang zum Meer hatten. Im Becken des Fischerhafens, einst Haupthafen der Venezianer mit der trutzigen venezianischen Festung Koúles, liegen Fischerboote und ein paar Jachten vor Anker. Fischer säubern und flicken ihre Netze und verkaufen an wenigen Ständen den frischen Fang. Die Hafenmole führt entlang der Festung mit ihren zinnengekrönten Mauern. Ihre heutige Form stammt aus den Jahren zwischen 1523 und 1540. Die etwa zwei Kilometer lange Mole lockt täglich Leute zum Spazierengehen oder Joggen. Am Abend, wenn die Lichter Iráklios leuchten, wird es dort romantisch, und die Mole wandelt sich zum beliebten Treff junger Pärchen. Wer den Blick lieber im Sitzen genießt, kann östlich des Hafenbeckens im alteingesessenen, städtischen, auf den ersten Blick eher unscheinbaren Café Marina verweilen. Gleich davor starten auch viele der vor Anker liegenden Segelboote zu Tagesausflügen zum Beispiel zur vorgelagerten Insel Día.

Sightseeing mit Essenspausen

Kulinarische Gaumenfreuden versprechen die an der Platía Ágglon und an der sich gen Westen erstreckenden Leofóros Sof. Venizélou liegenden Fischtavernen. Ein Stückchen weiter lohnt ein Blick in die wiederaufgebaute Kirche Ágios Pétros, die ursprünglich zu einem im 14. Jahrhundert gegründeten Dominikanerkloster gehörte. Dahinter liegt auf der Landseite der Uferstraße die hübsche Platía Istorikoú

In der Innenstadt trifft man zwischen uralten Bauten an vielen Ecken auf modernes kretisches Leben.

Αργυροχρυσοχοειον
Fragiadakis
est. 1970
78

Mousíou mit Tavernen, die wegen ihrer guten Fleischgerichte bekannt sind. Lohnenswert ist auch ein Besuch des sich anschließenden Historischen Museums, das in einem klassizistischen Gebäude mit modernem Glasanbau untergebracht ist. Es umfasst Ausstellungsstücke aus der frühchristlichen Zeit bis ins 20. Jahrhundert, historische Fotos, Landkarten, Münzen, Keramik, Trachten, Schmuck sowie eine Rekonstruktion des Arbeitszimmers des Dichters Níkos Kazantzákis. Gen Westen läuft man auf der anderen Straßenseite auf ein weiteres Museum zu. Das Naturhistorische Museum der Universität Kreta ist seit 2008 im markanten Gebäude des ehemaligen Elektrizitätswerks untergebracht. Es präsentiert verschiedene Lebensräume und Ökosysteme sowie zahlreiche Tiere als Originalpräparate wie Schlangen oder die Meeresschildkröte *Caretta caretta*, aber auch lebende Tiere wie Chamäleons oder Ottern.

Und wo ist der Strand?

Wer in Iráklio Stadt- mit Strandurlaub kombinieren möchte, braucht entweder ein Auto oder muss mit dem Bus fahren. Die Inselmetropole ist nämlich die einzige Stadt Kretas, die wie die Einheimischen sagen, »dem Meer den Rücken gekehrt hat«. Strandabschnitte rund um die Altstadt wurden im Laufe der Jahre nämlich durch neue Vororte ersetzt, und Wohnhäuser werden erst in den letzten Jahren bevorzugt mit Blick aufs Meer gebaut.

Wer seinen Urlaub in Iráklio verbringt, hat aber auch schnellen Zugang zum Meer. Man kann leicht Strände in der Nähe erreichen – auch, wenn sie nicht gerade zu den schönsten der Insel gehören. Der sechs Kilometer lange Strand im sich westlich an die Stadt anschließenden Urlaubsort Ammoudára wird trotz des Blicks auf ein Kraftwerk stets sowohl von Touristen als auch von vielen jungen Einheimischen bevölkert.

Die Strände zwischen Karterós und Amnissós östlich der Stadt liegen hingegen in der Einflugschneise des Flughafens, reizen mit der Nähe zur Stadt aber trotzdem zahlreiche Irakliόten – besonders an den Wochenenden.

↑ Die Kirche Ágios Títos mit Zeugnissen aus verschiedenen Epochen verdient genaueres Hinsehen.
↖ Das schön gelegene »Café Mare« an der Uferstraße von Iráklio lockt zu jeder Tageszeit Einheimische und Touristen an.
← Im Zentrum laden viele Schmuckläden zum Shopping ein.

INFO

KRETISCHE KÜCHE IN TOLLEM AMBIENTE

Dass man kretische Leckereien nicht nur in einfachen Tavernen in den Dörfern genießen kann, zeigt das Restaurant Peskési im Herzen der Inselhauptstadt. Das öfter preisgekrönte Lokal wurde zuletzt auch unter die hundert besten Restaurants für traditionelle Küche weltweit gewählt. Kein Wunder, im Peskési werden Gäste mit kretischer Küche auf hohem Niveau verwöhnt. Für die teils uralten Rezepte, die das Team mit traditionellen Kochtechniken aufleben lässt, werden nicht nur viele Bio-Produkte von der eigenen Farm und von ausgewählten Produzenten verwendet, sondern auch Zutaten, die lange in Vergessenheit geraten waren. Die warme Atmosphäre in dem mit viel Liebe zum Detail eingerichteten Restaurant runden das exzellente kulinarische Erlebnis ab.

WEITERE INFORMATIONEN

Iráklio: www.visitheraklion.eu
Peskési: www.peskesicrete.gr

ZEITREISE – ARCHÄOLOGISCHES MUSEUM IRÁKLIO

Sieben Jahre lang haben die Stadtväter von Iráklio das Archäologische Museum der Stadt modernisiert und erweitert – das Ergebnis lässt sich sehen. Das bedeutendste Museum Kretas ist auch eines der wichtigsten des ganzen Landes. Es überzeugt mit unzähligen uralten Exponaten ab dem 7. Jahrtausend v. Chr. und natürlich mit seinem Schwerpunkt: der weltweit einzigartigen Sammlung minoischer Kunst.

Nach den umfangreichen Restaurierungsarbeiten wurde das modernisierte Archäologische Museum von Iráklio 2014 schließlich wiedereröffnet. Besucher können sich in der Dauerausstellung nun wieder ein umfassendes Bild von der jahrtausendealten Besiedelung Kretas machen. Als erste Hochkultur Europas prägten vor über 3500 Jahren vor allem die Minoer die Geschichte der Insel. Die zahlreichen Ausstellungsstücke stammen aus der Zeit zwischen dem 7. Jahrtausend und dem 1. Jahrtausend v. Chr. Äußerst eindrucksvoll und historisch bedeutsam sind vor allem die Funde aus der minoischen Zeit mit Schwerpunkt auf der Neupalastzeit (1700–1450 v. Chr.), als die minoische Kultur ihre Blüte erlebte.

Neolithikum, Vor- und Altpalastzeit

Begeht man das Erdgeschoss gegen den Uhrzeigersinn, sieht man zunächst einige Exponate, die aus dem Neolithikum (7000–3000 v. Chr.) stammen: steinerne und tönerne Schalen, Kannen, bronzene Werkzeuge, Schmuck und Idole von Gottheiten. Aus der Vorpalastzeit (3000–2200 v. Chr.) begeistern unter anderem ein Spendgefäß in Form eines Stiers,

2

↙ Die rekonstruierten Fresken zeugen vom Leben der ersten Hochkultur Europas.

dessen Kopf drei Männer umklammern, sowie Gold- und Kristallschmuck. In der Altpalastzeit (2200–1700 v. Chr.) entstand die erste Hieroglyphenschrift. Eindrucksvoll sind besonders die farbenfrohen Tongefäße wie die in Festós gefundenen, gerade mal einen Millimeter dünnen Objekte im Kamáres-Stil. Auch der wertvollste Schmuck der Minoer, der Bienenanhänger von Mália, stammt aus dieser Zeit.

Blütezeit der Minoer

Besonders umfangreich ist die Sammlung aus der Neupalastzeit, als die Minoer auf den Ruinen der alten Paläste prächtigere Palastzentren und neue Städte gründeten. Einen Eindruck des Palastaufbaus gibt ein Holzmodell. Ein Rätsel bleibt die zu dieser Zeit eingeführte Linear-A-Schrift, die bis heute nicht entziffert wurde. Sie ist auf Täfelchen sowie auf dem weltbekannten Dískos von Festós zu sehen. Äußerst kostbar ist ein Spielbrett aus Holz mit Einsätzen aus Blattgold, Silber, Elfenbein und Bergkristall. Diese Materialien sowie Marmor wurden außer Ton in der Neupalastzeit auch für Gefäße verwendet. Zwei der bekanntesten sind der Boxer-Rhyton und die Schnittervase. Als Meisterwerk der minoischen Kunst gilt jedoch der Stierkopf-Rhyton. Wie wichtig den Minoern Kulte waren, beweist eine Vielzahl von Idolen und Tonskulpturen, die kultische Szenen zeigen.

Von den minoischen Beerdigungsritualen zeugen schöne Sarkophage und diverse Grabbeigaben. In der Nachpalastzeit (1450–1000 v. Chr.), also mit dem Untergang der minoischen Paläste, übernahmen Mykener vom griechischen Festland aus die Macht und führten die Linear-B-Schrift ein. Auch sind bronzene Gefäße, Waffen, ein Helm aus Eberzähnen und Bronzefiguren zu sehen.

Fresken, Statuen und mehr

Im Obergeschoss findet man weitere Exponate aus minoischer Zeit. In einem langen Raum begeistern die akribisch rekonstruierten, farbenfrohen minoischen Fresken wie der »Prinz mit den Lilien«. Das Fresko aus Knossós zeigt vermutlich einen Priesterkönig. Außerdem sind im Obergeschoss auch Funde aus geometrischer, archaischer und klassischer Zeit (10.–4. Jahrhundert v. Chr.) ausgestellt: Grabstelen, Tongefäße, Schmuck, Objekte aus Metall und Idole, die in den Nekropolen der Insel gefunden wurden. Aus dem 2. Jahrhundert v. Chr. stammen zwei eindrucksvolle Bodenmosaike. Die Exponate aus klassischer, hellenistischer und römischer Zeit umfassen Ton- und Glasgefäße, eine Sammlung kretischer Münzen, Schmuck und marmorne Reliefs. Zwei private Sammlungen mit Schmuck, Stempeln und Tonfiguren bilden den Abschluss im Obergeschoss. Bevor man das Museum wieder verlässt, sollte man sich im Erdgeschoss noch den Skulpturensaal anschauen. Die hellenistischen und römischen Statuen zeigen Götter, Nymphen und Szenen aus der griechischen Mythologie.

INFO

SOUVENIRS MIT QUALITÄT

Andenken und Mitbringsel in den unterschiedlichsten Preiskategorien sind in Iráklio an jeder Straßenecke erhältlich. Wer jedoch keine Billigkopien aus China als kretische Handarbeit verkauft bekommen möchte und Wert auf gute Qualität legt, sollte beim Souvenirshopping lieber zweimal hinsehen. Oft sind die tatsächlich handgemachten Artikel, zumindest, wenn sie nicht vor Ort hergestellt werden, mit speziellen Siegeln oder Etiketten ausgezeichnet. Der beste Souvenirladen von Iráklio steht gleich gegenüber dem Archäologischen Museum. Das 1932 eröffnete Geschäft Eléni Kastrinoyánni ist ein Familienbetrieb. Das große Sortiment umfasst viele Teile, die von kleinen griechischen Unternehmen und freischaffenden Kunsthandwerkern gefertigt wurden. Ebenso hochwertig allerdings viel moderner und außergewöhnlich sind die Produkte, die im Zalo ein paar Schritte weiter nördlich angeboten werden.

WEITERE INFORMATIONEN

Archäologisches Museum Iráklio: heraklionmuseum.gr
Eléni Kastrinoyánni: Platía Eleftherías 1
Zalo: www.zalo.gr

URLAUB UND KULTUR – AGÍA PELAGÍA UND FÓDELE

Obwohl Agía Pelagía nur einen schmalen Sandstrand zu bieten hat, ist der Küstenort 24 Kilometer westlich von Iráklio sowohl bei Reiseveranstaltern als auch bei den Städtern besonders beliebt. Das kleine Binnendorf Fódele liegt ganz in der Nähe, inmitten eines üppig grünen Tals. Bekannt ist es, weil dort der weltbekannte kretische Maler El Greco geboren worden sein soll.

Besonders an den Wochenenden im Hochsommer ist die erste Begegnung mit dem Urlaubsort in der hübschen weiten Bucht von einer langen Parkplatzsuche geprägt. In Agía Pelagía gibt es zahlreiche Apartmenthäuser, Supermärkte, Tavernen und Cafés sowie einige Autovermietungen. Der einst winzige Ort am Meer hat sich durch das gut laufende Tourismusgeschäft zu einem beliebten Ferienort entwickelt. Die enge Promenade vor dem schmalen, fast immer überfüllten Strand säumen Cafés und Tavernen. Für die Iraklioten ist Agía Pelagía trotz der engen Bebauung in den letzten Jahren zum In-Badeort geworden. Finden sie keinen Platz am Strand, vertreiben sie sich die Zeit einfach in den

3

↙ In Fódele steht die uralte kleine Kirche Loumbiniés.

Lokalen und gehen dann direkt vom Tisch aus ins Meer. Wer in einem der komfortablen oder luxuriösen Großhotels auf den Landzungen rund um den Ortskern wohnt, kann meist auch in Mini-Buchten vor den Hotels baden.

Im Urlaub abtauchen

Die vielseitige Felsküste rund um Agía Pelagía hat aus dem Küstenort nicht nur einen beliebten Badeort, sondern auch einen bekannten Tauchspot gemacht. Für Badefreuden sorgen außer dem Ortsstrand die Badebuchten rund um Agía Pelagía wie Kladissós und Mononáftis im Norden. Wer die Unterwasserwelt erkunden will, findet dort eines der beliebtesten Tauchreviere Kretas vor. Sporttauchen, also das Tauchen mit Sauerstoffflaschen und Tauchanzug, ist in Griechenland erst seit 2006 erlaubt, und weiterhin gibt es viele Einschränkungen. An vielen Küstenabschnitten ist das Tauchen nach wie vor ganz untersagt. Grund für das Tauchverbot war der Schutz der historisch wertvollen Altertümer, die an vielen Stellen auf dem Meeresboden liegen. Schnorcheln ist hingegen überall erlaubt, und die zerklüfteten Küstenabschnitte von Agía Pelagía sind dafür ideal.

El Grecos Heimat

1541 soll der berühmteste kretische Maler, der unter dem Künstlernamen El Greco (1541–1614) bekannt wurde, als Domínikos Theotokópoulos in Fódele geboren worden sein. Kein Wunder, dass sich die Bewohner von Fódele ganz dem Sohn des Dorfs verschrieben haben und damit ihr Geld verdienen. Die Tavernen, die im Ort entstanden sind, sind allerdings auch bei vielen Kretern ein beliebtes Wochenendziel. Gemütlich sitzt man unter schattigen Platanen am kleinen Fluss. Ein Park mit Picknicktischen, Brunnen und Spielplatz laden zum Verweilen ein. Natur- und Kirchenfreunde sollten südlich des Orts unbedingt das Kloster Agíos Panteleímon besuchen. Die jungen Mönche haben dort eine wunderschöne Atmosphäre geschaffen. Sie pflegen ihren blumenreichen Garten und auch viele Tiere wie Ponys, Lamas, Miniziegen, Rehe oder Papageien.

Eine Bronzebüste des Malers begrüßt Fódele-Besucher bereits nahe dem Parkplatz vor dem Rathaus. Etwa einen Kilometer nordwestlich steht inmitten von Orangenhainen das vermeintliche Geburtshaus des Malers. Gleich gegenüber erhebt sich die idyllisch gelegene kleine Kreuzkuppelkirche Panagía Loumbiniés, die aus dem 11. Jahrhundert stammt. Wenn sie geöffnet ist, lohnt es, einen Blick hineinzuwerfen. In der restaurierten Kirche sind schöne Freskenreste aus dem 11., 13. und 14. Jahrhundert erhalten.

Nur wenige Meter sind es bis zum Geburtshaus El Grecos, das in den 1990er-Jahren neu aufgebaut und als Museum mit Reproduktionen von Werken des Malers eröffnet wurde. El Greco war in Iráklio zum Ikonenmaler ausgebildet worden. 1568 zog er nach Venedig und arbeitete dort als Madonnenmaler. Nach Spanien zog der Künstler 1577. Dort malte er keine Ikonen mehr, sondern schuf seinen eigenen Stil und malte lang gestreckte Figuren mit exzentrischen Gesten und dramatischen Farben. Er gilt als einer der bedeutendsten Maler des spanischen Barock. Seine Werke signierte er in griechischer Schrift.

INFO

TOLLER AUSBLICK, VIELE KRETER

Für alle, die am Wochenende in der Gegend von Iráklio unterwegs sind, lohnt die Fahrt über die Serpentinen hinauf ins Bergdorf Rogdiá. Das hoch oben am Hang gelegene Dorf mit der fantastischen Aussicht auf Iráklio mit seinen Grilltavernen, die meist nur am Wochenende zur Mittagszeit geöffnet sind, ist bei den Städtern sehr beliebt. Zu empfehlen ist etwa die Taverna To Ródi. Mit den zahlreichen kretischen Gästen kommt dann richtig Stimmung auf. Nicht nur der Verdauung zuliebe sollte man auch ein wenig durch die Gassen des einst recht wohlhabenden Orts schlendern. Rogdiá wartet mit schöner Bausubstanz aus venezianischer Zeit auf. Das ursprüngliche kretische Dorf wird sowohl von hübsch restaurierten als auch von verfallenen Häusern aus dieser Zeit geprägt. Gleich unterhalb der Hauptstraße steht beispielsweise die Ruine einer einst prachtvollen venezianischen Villa.

4

ZENTRUM DER ERSTEN HOCHKULTUR EUROPAS

IN DIE MINOISCHE WELT EINTAUCHEN – KNOSSÓS

Knossós ist Kretas bedeutendste und eindrucksvollste Ausgrabungsstätte. Die fantasievoll rekonstruierte Palastanlage bietet einen umfassenden Einblick ins Leben der ersten Hochkultur Europas. Vor 3500 Jahren war das prächtigste und größte Palastzentrum nämlich Mittelpunkt der minoischen Welt. Heute ist Knossós die am zweithäufigsten besuchte historische Sehenswürdigkeit Griechenlands.

Der Besuch des minoischen Palastzentrums von Knossós sollte für jeden, der auch nur ein wenig Interesse an Archäologie und kretischer Kultur hat, ganz oben auf dem Urlaubsprogramm stehen. Von den unzähligen Besuchern und Ausflugsbussen darf man sich nicht abschrecken lassen. In Knossós herrschte mit geschätzt 80 000 bis 100 000 Einwohnern schon in minoischer Zeit reger Betrieb. Etwas mehr Ruhe finden Besucher am frühen Morgen oder am späten Nachmittag. Die einst über 20 000 Quadratmeter große Palastanlage war im 2. Jahrtausend v. Chr. Verwaltungs- und Kultzentrum sowie Gewerbe- und Wohngebiet der Minoer. Die bis zu vier Etagen hohen Gebäude gruppierten sich rund um einen Zentralhof.

Interessante Grabungsgeschichte

Knossós wurde zwar erst zu Beginn des 20. Jahrhunderts ausgegraben, doch der griechische Hobby-Archäologe Mínos Kalokerinós hatte bereits im Jahr 1878 einige Fundamentreste entdeckt. Acht Jahre später war der bekannte Troja-Ausgräber Heinrich Schliemann auf Kreta. Da ihm die Kosten für Knossós zu hoch waren, lehnte er die Ausgrabung jedoch ab. Ihm war nicht bewusst, welch ein Schatz sich unter der kretischen Erde befand. Freigelegt hat Knossós schließlich der britische Historiker und Museumsdirektor Sir Arthur Evans (1851–1941). Die im Jahr 1900 begonnenen Grabungen dauerten nur drei Jahre an – das war viel zu schnell für den großen Komplex. Der Archäologe ließ einfach die älteren mykenischen Schichten abtragen, um schnell die minoischen Überreste zu erreichen. Evans arbeitete interdisziplinär, mit Archäologen, Architekten und Malern. Außerdem hat er Knossós so umfangreich rekonstruiert, dass Archäologen kritisch von einem »minoischen Disneyland« sprechen. Für Laien ist die Ausgrabungsstätte mitsamt den Rekonstruktionen jedoch eine gute Möglichkeit, die minoische Welt zu verstehen.

Die Geschichte und der Mythos

Besiedelt wurde Knossós schon im 3. Jahrtausend v. Chr. Der erste Palast entstand um 1900 v. Chr. (Vorpalastzeit), wurde jedoch 200 Jahre später schon wieder zerstört. Zwischen 1700 und 1450 v. Chr. war Knossós das Herrschafts- und Kultzentrum Kretas. Dann wurde es wie auch die anderen minoischen Paläste Mália, Festós und Zákros vermutlich durch ein Erdbeben zerstört. Kurz darauf begann man mit dem Bau eines neuen Palasts. Als auch dieser nach 100 Jahren einem Brand zum Opfer fiel, verließen die Minoer Knossós. Die nach Kreta eingewanderten Mykener legten danach rund um Knossós eine neue Siedlung an.

Der Mythos, der sich um Knossós dreht, war Grund für Heinrich Schliemann, nach Kreta zu kommen. Nachdem ihm die Ausgrabungen zu teuer erschienen, übernahm Arthur Evans diese Aufgabe. Er war auch derjenige, der die »minoische« Kultur nach dem mythischen König Minos, dem Herrscher über Knossós, benannte.

Minos, Sohn des Göttervaters Zeus und der phönizischen Königstochter Europa, soll laut Homers *Ilias* Herrscher über Kreta und die übrigen Ägäischen Inseln gewesen sein. Zeus verwandelte sich in einen Stier und näherte sich Europa auf einer Wiese, auf der sie zusammen mit ihren Freundinnen spielte. Europa setzte sich auf den Rücken des Stiers, sprang ins Meer und ging an der kretischen Küste bei Mátala an Land. Bei Górtis zeugten sie Minos. Europa gab unserem Kontinent ihren Namen. Minos wurde zum ersten König der Insel, die er zu Wohlstand und Frieden brachte.

Der Weg durch den Palastkomplex

Die große Palastanlage bestand aus etwa 1400 Räumen, die teilweise bis zu vier Etagen emporragten. Mittelpunkt war der 53 mal 28 Meter große Zentralhof, der den Minoern wohl für kultische oder sportliche Veranstaltungen diente. Auf den Hof führten Prozessionswege, die heute noch erkennbar sind. Vom heutigen Eingang kommt man zunächst auf den Westhof mit drei runden Gruben für Opfergaben und einer Büste von Sir Arthur Evans. Vom Westhof gelangt man durch einen abschließbaren Besuchereingang zum verschachtelten Prozessionskorridor entlang der Südpropyläen,

↖ Mittelpunkt des Palasts ist der sogenannte Thronsaal.
↗ Die Minoer bewahrten diverse Nahrungsmittel in großen *píthoi* auf.

einem Torbau mit fantasievoll rekonstruierten Säulen. Die Südpropyläen werden von rekonstruierten Säulen und dem Prozessionsfresko mit jungen Gabenträgern geziert. Nördlich der Südpropyläen rekonstruierte Evans eine Freitreppe, über die man ins Obergeschoss, von Evans nach Obergeschossen italienischer Renaissancepaläste »Piano Nobile« genannt, gelangt sein soll. Das »Piano Nobile« bietet einen guten Überblick über das Gelände sowie einen Einblick in die Magazine im Erdgeschoss. Vor den 21 langen Räumen ist das Symbol für Macht, die minoische Doppelaxt, aufgestellt. Sie ziert auch als Ritzzeichen die Wände.

↑ Das bekannte »Prozessionsfresko« ziert einen Teil der Südpropyläen und zeigte einst Hunderte von Figuren.
→ Fantasievoll hat der Ausgräber Evans einen der beiden Kontrolltürme des Nordeingangs rekonstruiert. Er ist eines der beliebtesten Fotomotive von Knossós.

Der Zentralhof ist wie die zentralen Höfe aller minoischen Paläste nach Nordosten ausgerichtet. Im Süden des Westflügels liegen die Pfeilerkrypta, in der Opfergaben deponiert wurden, und dahinter einige als Schatzkammern interpretierte Räume. Die Wände der Pfeilerkrypta schmücken eingeritzte Kultsymbole. In den Wänden des Raums, in dem Opfergaben deponiert wurden, sind Kultsymbole eingeritzt. In den Schatzkammern fand man kostbare Opfergaben wie die »Schlangengöttin«. Das Gebäude davor wurde nach seiner dreigeteilten Fassade »Dreiteiliges Heiligtum« genannt. Anschließend liegt in der Nordwestecke des Hofs hinter einem Vorraum mit steinernen Bänken und einer Holzthron-Replik der sogenannte Thronsaal. Im Raum mit dem Alabasterthron und einem Wasserbecken für rituelle Waschungen soll König Minos die Minoer zu Audienzen empfangen haben. Der Thron wurde jedoch vermutlich nicht von einem König genutzt, sondern stand leer und repräsentierte den Sitz einer Gottheit.

Den Ostflügel des Palastzentrums definierte Evans als Wohntrakt der minoischen Oberschicht. Das Gemach des Königs, das zugleich Ratssaal war, hat Licht und Luft schaffende Polythyron-Wände. Das Gemach der Königin ist mit rekonstruierten Fresken geschmückt. Ein Badezimmer mit original erhaltenem Klosett schließt sich an. Im nördlichen Teil des Ostflügels lagen die durch ein Treppenhaus verbundenen Magazine und Werkstätten. Den letzten Abschnitt des Rundgangs bildet im Norden der Theaterbezirk mit einer auffälligen rechtwinkligen Freitreppe, die bei kultischen Zeremonien Platz für etwa 500 Zuschauer bot. Er war Schauplatz für kultische Zeremonien oder Prozessionen.

INFO

KULINARISCHES SKALÁNI

Die Tavernen außerhalb des Ausgrabungsgeländes von Knossós sind ziemlich touristisch. Gaumenfreuden können alle Kulinarier jedoch etwa fünf Kilometer südöstlich an der Platía des Dorfs Skaláni, dem Hotspot der irakliotischen Gourmetszene, erleben. Erster im Ort war Níkos Marazákis, der seine Taverne am Dorfplatz schon seit über 20 Jahren führt. Mit den köstlichen kretischen Gerichten, die er in seiner Kult-Taverne serviert, hat er schon griechische Gourmet-Preise gewonnen. Nicht anders ist das bei Wirtin und Chefköchin Argiró Várda. Seit 2005 verfeinert sie in ihrem mehrfach preisgekrönten Restaurant Eliá & Diósmos inseltypische Gerichte durch innovative Ideen und bietet ihren Gästen eine große Auswahl guter Weine aus der Region.

WEITERE INFORMATIONEN

Eliá & Diósmos: www.olivemint.gr
Knossós: 4 km südlich von Iráklio, Mai–Okt. tgl. 8–20 Uhr, Nov.–April tgl. 8.30–17 Uhr, www.etickets.tap.gr

5

AUF DEN SPUREN DER KRETISCHEN WEINWELT

EDLE TROPFEN – ARCHÁNES UND PEZÁ

Trotz der Nähe zu Iráklio hat sich das große Dorf Archánes im Herzen des kretischen Weinanbaugebiets viel Ursprünglichkeit bewahrt. Während die Städter den Ort am Fuße des 811 Meter hohen Joúchtas vor allem wegen der guten Tavernen besuchen, lockt die Umgebung Fremde auch mit Zeugnissen seiner minoischen Vergangenheit. Lohnenswert sind nicht nur für Weinliebhaber auch die Kellereien der Region.

Der Anbau von Wein und die Herstellung von Sultaninen macht Archánes, genauer gesagt Epáno Archánes, also das »obere Dorf«, zu einem der reichsten Dörfer Kretas. Zu den knapp 4000 Einwohnern gesellen sich besonders am Wochenende viele Städter hinzu, die dort die Tavernen mit dem ländlichen Charme besuchen. Mit kleinen Plätzen und Gassen sowie restaurierten Häusern lädt es außerdem zu gemütlichem Bummeln ein. Kurz nach der Ortseinfahrt fällt die dreischiffige Panagía-Kirche mit dem markanten Glockenturm aus dem 19. Jahrhundert auf. Die Marienkirche birgt schöne Ikonen aus dem 18. Jahrhundert wie die als wundersam geltende Ikone der liebkosenden Gottesmutter. Daneben steht das 1901 erbaute klassizistische Gebäude der Volksschule, das im Zweiten Weltkrieg als Hauptquartier einer deutschen Truppe genutzt wurde. Wer von dort weiter die Hauptstraße entlangläuft und archäologisches Interesse hat, kann linkerhand in einer Gasse zwischen den Häusern die spärlichen umzäunten Überreste eines minoischen Palastes sehen, von dem nur ein kleiner Teil ausgegraben wurde. Folgt man der Hauptstraße weiter gen Süden, kann man in einer abzweigenden Gasse einen Blick ins Archäologische Museum mit Funden aus der Gegend werfen. Oberhalb der Hauptstraße befindet sich in einem restaurierten Stadthaus am Hang das Folkloremuseum. Vom ursprünglichen Flair des Dorfs berichtet außerdem die unterhalb des Museums parallel zur Hauptstraße verlaufende, gepflasterte Marktgasse mit urigen Läden und Gemüsehändlern. An ihrem südlichen Ende steht bei der Kirche Ágios Nektários ein Brunnen aus dem Jahr 1894.

↑ Im Ort erhebt sich der Glockenturm der Panagía-Kirche.
← Die Landschaft rund um Archánes prägen weitläufige Weingärten.

Die minoische Vergangenheit

Dass die Gegend rund um Archánes bereits in minoischer Zeit besiedelt war, zeigen Ausgrabungen in der Umgebung. Bei den Ausgrabungen von Vathípetro mit den Resten von Wirtschaftsräumen sowie einer Oliven- und Weinpresse genießt man auch schöne Ausblicke in die Weinberge. Nicht begehbar ist Anemospiliá am Hang des Joúchtas. Im minoischen Heiligtum belegen die Skelette von einem Mann mit einem Schwert auf der Brust sowie von einem Mann und einer Frau, die den gefesselten Mann dort wohl geopfert haben, dass es in minoischer Zeit Menschenopfer gab. Nahe Káto Archánes (Unterdorf) ist schließlich eine der größten bronzezeitlichen Grabstätten des Mittelmeerraums zu sehen. Die mykenische Nekropole von Fourní wurde im 20. Jahrhundert entdeckt. Im Kuppelgrab A aus dem 14. Jahrhundert v. Chr. fand man wertvollen Goldschmuck.

Weinanbau und Verkostung

Trotz des eher schlechten Rufs, den griechische Weine in Mittel- und Nordeuropa bis vor einigen Jahren hatten, lohnt der Besuch des größten Weinanbaugebiets Kretas auch für Kenner. Einige edle Tropfen überzeugen mittlerweile auch Sommeliers und Weinexperten außerhalb des Landes. Um die kretischen Weine im In- und Ausland besser zu vermarkten, haben sich viele kretische Winzer im Jahr 2012 unter dem Namen »Wines of Crete« zu einem Weingut-Netz zusammengeschlossen. 30 000 Hektar Weinberge erstrecken sich rund um das Dorf Pezá, das Zentrum des kretischen Weinanbaus. Seit 1933 hat dort auch die Genossenschaft »Peza Union« ihren Sitz, die außer Wein auch Olivenöl und Seife produziert und einen Besuch wert ist. Die in und rund um Pezá ansässigen, sehenswerten Weinkellereien produzieren rund 70 Prozent aller kretischen Weine. Angebaut werden verschiedene heimische Rebsorten, darunter für Weißweine die Sorten Vilána, Vidianó und Thrapsathíri und für Rotweine Liátiko, Mandilári und Kotsifáli sowie ausländische Traubensorten wie Chardonnay und Merlot. In vielen der idyllisch gelegenen Weingütern kann man zwischen April und Oktober an Führungen teilnehmen und natürlich Weine verkosten und kaufen.

INFO

LITERATUR-FANS, AUFGEPASST!
Das erste private Literaturmuseum Griechenlands ist dem Leben und Werk des bekanntesten kretischen Schriftstellers Níkos Kazantzákis gewidmet, der in seinen Werken Heuchelei und Religion sowie den Sinn des Lebens thematisierte. Der wichtigste Vertreter neugriechischer Literatur wurde 1883 in Iráklio geboren und verstarb 1957 bei einer Reise in Freiburg im Breisgau. Kazantzákis erlangte 1964 durch die Verfilmung seines Romans über das Leben des »Alexis Sorbas« mit Anthony Quinn weltweiten Ruhm. Das Kazantzákis-Museum im Heimatdorf seines Vaters Mirtiá, das früher Várvari hieß und in seinen Büchern auch unter diesem Namen Erwähnung findet, eröffnete 2010. Gezeigt werden persönliche Utensilien des Schriftstellers, Kostüme und Poster seiner Theaterstücke, Fotos, die griechischen und ausländischen Ausgaben seiner Werke sowie historische Briefe.

WEITERE INFORMATIONEN
Kazantzákis-Museum: www.kazantzaki.gr
Weingut-Netz Wines of Crete: www.winesofcrete.gr

EINE GUTE PORTION KRETISCHER GASTLICHKEIT

Wer der Meinung ist, zu einem gelungenen Urlaub gehörten kulinarische Hochgenüsse, ist auf Kreta genau richtig! Die schlichte Inselküche, die aus hervorragenden regionalen Zutaten besteht, gilt zu Recht als eine der besten Griechenlands und ist auch außerhalb der Landesgrenzen sehr bekannt.

Kretische Köstlichkeiten – von der traditionellen Hausmannskost bis hin zu modernen Kreationen junger Köche – bieten abwechslungsreiche Gaumenfreuden für jeden Geschmack. Für die saisonalen Zutaten wie das ausgezeichnete Olivenöl, frisches Gemüse und Obst, Kräuter und Hülsenfrüchte, heimische Milchprodukte sowie Fisch und Fleisch sorgen die kretische Landschaft und viele liebevoll geführte Kleinbetriebe. Neben den hervorragenden Zutaten benötigt man für eine authentische kulinarische Reise auch den passenden Rahmen. Die Kreter sitzen dafür mit der richtigen *paréa*, also dem Freundeskreis oder in guter Gesellschaft zusammen und genießen einfach den Moment.

Essen und Trinken ist auf Kreta nämlich weit mehr als nur Nahrungsaufnahme. Im Vordergrund steht die Kommunikation.

Egal ist dabei die Art des Lokals, in dem man ohnehin meist stundenlang sitzt. Die Kreter genießen ihre Leckereien beispielsweise im gemütlichen *rakádiko*, in dem die in kleinen Portionen servierten *mezédes* gegessen werden. Sie lieben aber auch ihre schlichten Tavernen mit kretischer Hausmannskost und viel gegrilltem Fleisch oder Fisch. Immer beliebter werden zudem die moderneren, meist toll in Szene gesetzten Restaurants, in denen Köche traditionelle Rezepte neu interpretieren und Trends setzen. Nirgends wird auf den passenden Wein verzichtet. Außer man trinkt lieber den inseltypischen Tresterschnaps *Rakí*, ein Inselbier oder – vor allem zu Fisch – einen Ouzo.

Geschmacksvielfalt zum Teilen

Wenn man auf Kreta essen geht, wird das Erlebnis zuerst von den vielen verschiedenen kleinen Häppchen, den *Mezédes*, bestimmt. Die kleinen Vorspeisen, die vor allem modernere Restaurants mit viel Liebe zum Detail anrichten, werden fast immer für die gesamte Tischgemeinschaft zusammen bestellt und für alle gut erreichbar in die Tischmitte gestellt. Somit kann jeder von allem probieren – auch wenn es meist so gut schmeckt, dass man das ein oder andere am liebsten für sich allein hätte.

Eine weitere Besonderheit der griechischen Esskultur ist, dass die Kellner in *rakádika* und Tavernen nicht darauf warten, dass man die *mezédes* aufgegessen hat, bis sie die Hauptspeisen servieren. Denn wenn Fleisch oder Fisch in Kiloangaben als Hauptgericht für alle bestellt werden, bekommen die *mezédes* auch die Funktion der Beilage. So stehen beispielsweise auch Pommes in der Rubrik *mezédes* auf den Speisekarten. Außerdem gibt es landestypische Klassiker wie Tzatzíki und Bauernsalat sowie viele regionale Spezialitäten, die für unvergessliche Geschmackserlebnisse sorgen. Unbedingt sollte man zum Beispiel die mit Reis und frischen Kräutern gefüllten Zucchiniblüten, *kolokithoanthí*, probieren. Ein weiteres Muss ist *Dákos*, der kretische Gerstenzwieback mit geriebener Tomate und lokalem *Mizíthra*-Käse. Weitere typische Leckereien sind die in Essig geschmorten Schnecken, *chochlí boubouristí*, Wildgemüse (*stamnagáthi*), das gerne als Salat oder auch in Omelettes gegessen wird, sowie die gebratene Bauernwurst *Choriátiko loukániko* oder das geräucherte Schweinefleisch *Apáki*.

Beliebte Hauptgerichte der Kreter sind außer Grillfleisch wie Lamm, Schweinekoteletts oder Huhn die unterschiedlichsten geschmorten Gerichte, die sogenannten *magireftá*, wie *stifádo*, eine Art Gulasch mit ganzen Schalotten in Tomatensauce, oder Sepia mit Fenchelgrün. Außerdem spielen vegane und vegetarische Gerichte eine wichtige Rolle. Klassiker sind die Nudeln *Skioufichtá*, das Schmorgemüse *Sofegáda* und die *Gemistá*, also mit Reis und Kräutern gefüllte Paprika und Tomaten. An der Küste gibt es zudem viele Köstlichkeiten aus dem Meer wie Calamares, Oktopus vom Grill und kleine frittierte Ährenfische. Frischer gegrillter Fisch wird ganz einfach mit einer Olivenöl-Zitronen-Mischung serviert. Abgeräumt wird übrigens meist erst dann, wenn die Gäste darum bitten. Den stundenlangen und gemütlichen Genuss möchte schließlich niemand unterbrechen.

↑ Kretas Küche verspricht mehr als Souvlaki und Tzatziki,
← unbedingt probieren sollte man gefüllte Zucchiniblüten und Weinblätter.

BEKANNTES UND GRÖSSTES URLAUBSZENTRUM DER INSEL

ABWECHSLUNGSREICH – CHERSÓNNISOS UND MÁLIA

Liménas Chersoníssou ist Kretas Bettenhochburg und lockt mit diversen Hotels, Ausgehmöglichkeiten und einem vielseitigen Sportangebot. Das nahe gelegene Mália wird von zahlreichen jungen Briten besucht, die das ausschweifende Nachtleben genießen wollen. Alle, die nicht zufällig in einem Hotel dort landen, können die Orte getrost umgehen und das Hinterland oder den drittgrößten minoischen Palast besuchen.

Urlauber, die sich ein großes Freizeitangebot wünschen – ob in der Hotelanlage oder außerhalb –, sind in Liménas Chersoníssou, das von Kretern und Reiseveranstaltern einfach nur Chersónissos genannt wird, gut aufgehoben. Wasserparks, Reitställe, Tauchschulen, Wassersport sowie diverse Sportarten in den Großhotels lassen kaum Wünsche offen. Auch der einzige 18-Loch-Golf-Platz Kretas liegt in der Nähe. Das große Folkloremuseum Lychnostátis lädt zur Erkundung ein. Wer ein Hotel im Ortskern gebucht hat, trifft bei der Ankunft allerdings erst einmal auf die den gesamten Ort durchquerende, verkehrsreiche Old National Road, die von zahlreichen Läden, Cafés, Bars, Fast-Food-Lokalen und Hotels gesäumt ist. Ein wenig schöner ist es – zumindest in der Nebensaison – an der fast strandlosen Promenade, die sich abends zur Ausgehmeile wandelt und im Hochsommer von jungen Niederländern bevölkert wird. Die Promenade lockt

6

↙ Trotz touristischen Trubels bleibt es am kleinen Fischereihafen von Liménas Chersonissou weiterhin recht idyllisch.

mit Restaurants, Tavernen und Bars für jede Altersklasse. In Mália sorgten ausschweifende Partynächte mit jungen Briten in der von unzähligen Bars, Pubs, Diskotheken und Fast-Food-Lokalen gesäumten Partymeile in den letzten Jahren für keine positiven Schlagzeilen. Auch der lange Hauptstrand wird tagsüber von vielen jungen Sonnenhungrigen bevölkert, die dort dicht an dicht auf den Liegen der Beach-Bars den Tag verbringen und laute Musik hören.

Hübsche kleine Orte im Hinterland

Wer es ruhiger mag, kann sich auch in den landeinwärts von Liménas Chersonissou ineinander übergehenden Orten Chersónissos Piskopianó und Koutouloufári einquartieren. Besuchenswert sind sie wegen ihrer gemütlichen Tavernen und Cafés, die oft schöne Aussichtsterrassen haben. Chersónissos erwartet Besucher mit einem von Tavernen gesäumten Dorfplatz, auf dem im Sommer jeden Montag ein Folkloreabend mit kretischen und griechischen Tänzen stattfindet. Piskopianó lohnt nicht nur aufgrund der hübschen Gassen mit alten Natursteinhäusern, sondern auch wegen des Landwirtschaftsmuseums Menélaos Parlamá einen Besuch. In dem großen in einer ehemaligen Olivenpresse untergebrachten Museum bekommt man einen guten Eindruck von traditionellen landwirtschaftlichen Tätigkeiten und Handarbeiten sowie von einem ursprünglichen kretischen Haus.

Küstennahe Ursprünglichkeit

Ursprünglicher sind die höher gelegenen Bergdörfer Mochós und Krási. Während Mochós über eine neun Kilometer lange Serpentinenstraße vom Küstenort Stalída aus erreichbar ist, treffen alle Straßen, die von diesem Küstenabschnitt hinauf zur Lassíthi-Hochebene führen, kurz vor Krási zusammen. Besuchen sollte man die Dörfer vor allem wegen der guten Tavernen mit kretischer Landküche. Auf der Platía von Mochós findet zwischen Juni und August jeden Mittwochabend ein Folkloreabend statt. Krási ist im Sommer oft Veranstaltungsort von Dorffesten.

Der Palast von Mália

Anders als vielleicht erwartet, lohnt Mália auch für archäologisch Interessierte einen Halt. Knapp zwei Kilometer östlich des Ortskerns liegt der minoische Palast von Mália, der wie die anderen Palastanlagen der Minoer zwischen 1700 und 1450 v. Chr. bewohnt wurde. Der Zentralhof wird von Wohntrakten, Kult- und Wirtschaftsräumen sowie Magazinen gesäumt. Auffällig ist auch der Opferstein *kérnos* mit vielen Vertiefungen zur Darlegung von Opfergaben wie Samen oder Öl. Außer dem Zentral- und dem Westhof fällt in diesem Palast eine Besonderheit auf: Die Anlage verfügte über einen Platz, der dem hellenistischen Marktplatz, *agorá*, ähnelte und vermutlich politischen und kultischen Veranstaltungen diente. Sehen kann man außerdem das aus der Altpalastzeit (2100–1700 v. Chr.) stammende sogenannte »Quartier My« mit den Überresten zahlreicher Werkstätten.

INFO

EINBLICKE IN DIE WELT DES MITTELMEERS

Etwa 2500 Fische und wirbellose Tiere faszinieren im Cretaquarium. Das Aquarium im Badeort Goúrnes ist für alle interessant, die sich für die Unterwasserwelt des Mittelmeers interessieren. Spannend sind besonders die bis zu 3,20 Meter langen Sandhaie, die mit ihren großen Zähnen imponieren. Durch 60 unterschiedlich große Becken mit 1,7 Millionen Litern Wasser können Groß und Klein sowohl unterhaltsam als auch unter wissenschaftlichen Aspekten viel über die rund 200 dort lebenden Arten erfahren. Kontakt zu harmlosen Meeresbewohnern erhält man in zwei offenen Becken mit wirbellosen Tieren. Besonders Kinder freuen sich, wenn sie einen Seestern auch mal in die Hand nehmen können. Für Details sorgen während des Rundgangs Audioguides, Info-Points und -Säulen.

WEITERE INFORMATIONEN

Cretaquarium: www.cretaquarium.gr
Chersonissós: www.landofexperiences.gr

→ In den Tavernen am Dorfplatz von Mochós mischen sich Gäste unter viele Einheimische.
↑ Das bekannte »Prozessionsfresko« ziert einen Teil der Südpropyläen und zeigte einst Hunderte von Figuren.
← Wasserratten und Sonnenhungrige lockt es an den Strand von Agía Pelagía.

RODAMANTHIS
GREEN
WITH
SQUID
SARDINES

VIEL ZU SEHEN IN HERRLICHER BERGLANDSCHAFT

DIE KRETISCHE ERDE UND KULTUR ERLEBEN – ZARÓS

Das Bergdorf Zarós, bekannt für das dort abgefüllte Quellwasser »Zaro's« und die ansässigen Forellenstationen, liegt am Ende der wasserreichen Roúvas-Schlucht und ist nicht nur für Naturliebhaber einen Besuch wert. Tagesausflügler kommen in Bussen, um mittags Forellen zu essen. Die grandiose Umgebung ist jedoch auch ideal zum Wandern und Radfahren oder um einen Blick in alte Klöster zu werfen.

Die Bewohner von Zarós am Südhang des Psiloritís-Gebirges haben aus ihrem großen Dorf ein schönes Ziel für Agrotourismus-Fans gemacht. Wer einige Tage in Zarós verbringt, kann an saisonal wechselnden Landwirtschaftsarbeiten teilnehmen, in der Taverne »Vegera« typisch kretisch kochen lernen, reiten, wandern oder Rad fahren und Interessantes von ansässigen Kunsthandwerkern erfahren. Zarós begeistert auch mit typischer Dorfarchitektur und ursprünglichem Alltagsleben. Alle, die an kretischen Web- und Strickarbeiten sowie Stickereien interessiert sind, sollten den Laden Mítos besuchen. Inhaberin María erklärt gerne die unterschiedlichen Techniken am traditionellen Webstuhl. Die hübschen Webarbeiten vom Teppich bis zu den typisch kretischen Fransenkopftüchern *saríki* können auch gekauft werden. Gegenüber lohnt der Blick in die Werkstatt Organopeieío von Antónis Stefanákis. Der Instrumentenbauer, der gut Deutsch spricht, fertigt traditionelle Musikinstrumente wie die Saiteninstrumente Lyra, Laoúto, Geige und Mandoline und den kretischen Dudelsack Askomandoúra. Das bekannteste Instrument ist die bauchige Lyra, die bei Musikveranstaltungen ihren festen Platz hat. Traditionell wird sie aus 300 bis 400 Jahre altem Zedernholz von Deckenbalken alter Häuser und Maulbeerholz gefertigt. Natürlich kann man die Instrumente dort auch kaufen.

7

↙ Die Landschaft rund um Záros lockt zu interessanten Erkundungen.
↑ Interessant ist auch ein Besuch beim Instrumentenbauer Antónis Stefanákis.

Forellen und Wandern in schöner Natur

Im Ortskern von Zarós ist der Wasserreichtum der Region kaum vorstellbar. Dennoch ist das Quellwasser so reichlich, dass es in Flaschen abgefüllt unter den Namen Zaro's und Rouvas auf ganz Kreta erhältlich ist. Es entspringt aus vielen Quellen oberhalb des Dorfs und staut sich im einen Kilometer entfernten, künstlich angelegten Vótomos-See, der Ziel unzähliger Touristen und Kretern ist. Der hübsch angelegte See mit Wasserschildkröten und Forellen lädt mit Tavernen und Picknickplätzen zum Verweilen ein. Hauptattraktion ist dort seit den 1980er-Jahren die Forellenzuchtanlage beim Restaurant Vótomos. Landwirt Pétros Giannákis importierte damals die ersten Forelleneier aus Kanada, eine innovative Idee, die schnell Besucher nach Zarós lockte. Lohnenswert ist dort auch ein Blick in die restaurierte Getreidemühle neben dem Hotel Idi, die um die 400 Jahre alt sein soll. Naturliebhaber können vom See zur Wanderung in die schöne, mit Stufen und Geländern erschlossene Roúvas-Schlucht starten. Der gut ausgeschilderte Weg führt vorbei an der markanten neuen Kirche des Ágios-Nikólaos-Klosters. Im Klosterhof versteckt sich hinter der überdimensioniert wirkenden Kirche eine kleine historische Bruchsteinkirche. In etwa zwei Stunden wandert man vom Eingang der Schlucht zwischen Salbei, Thymian, Kermes- und Steineichen, Steinlilien und Orchideen zur Ágios-Ioánnis-Kapelle, wo es einen Picknickplatz und eine Quelle gibt. Von dort geht es für die meisten wieder zurück.

Idyllisch gelegene Gotteshäuser

Nicht nur für Kirchenfans lohnen die Abstecher zu Klöstern in der Umgebung. Der 2,5 Kilometer westlich von Zarós Richtung Kamáres liegende Konvent Vrondissíou, dessen Klosterräume verschlossen sind, ist schön gelegen. Aus dem venezianischen Brunnen mit den vier wasserspeienden, bärtigen Köpfen vor den riesigen Platanen auf dem Vorplatz sprudelt Trinkwasser, das sich die Kreter in Flaschen abfüllen. Freunde byzantinischer Kunst sollten versuchen, einen Blick in die im Sommer vormittags gelegentlich geöffnete Ágios-Fanoúrios-Kirche des verlassenen Klosters Valsamonérou drei Kilometer südöstlich des Nachbardorfs Vorízia zu werfen. Sie stammt aus dem 14./15. Jahrhundert und birgt uralte Fresken im byzantinisch-kretischen Stil.

INFO

AGROTOURISMUS FÜR DIE GANZE FAMILIE

Am westlichen Ortsrand von Zarós verspricht die traditionelle Gästehäuser-Anlage Eleónas mitten im Grünen und mit Blick auf die Berge erholsame und aktive Ferien für die ganze Familie. 20 im kretischen Stil eingerichtete Natursteinhäuser, Pool, Kinderspielplatz, Restaurant und einiges mehr liegen – wie der Name vermuten lässt (*eleónas* heißt Olivenhain) – auf einem zwei Hektar großen Gelände mit Olivenbäumen, Johannisbrotbäumen und duftenden Kräutern. Die hübschen Gästehäuser von Manólis Saridákis bieten bis zu fünf Personen Platz, einen offenen Kamin, eine Terrasse sowie teilweise eine Kitchenette und einen Jacuzzi. Damit sich die Gäste nicht langweilen, gibt es Aktivitäten für jeden Geschmack. Markierte Routen sind ideal für Wanderer. Daneben dürfen Gäste beim Gemüseanbau helfen oder an Kochkursen teilnehmen, bei denen auch die traditionelle Herstellung von Käse gezeigt wird.

WEITERE INFORMATIONEN

Eleónas: www.eleonas.gr
Taverne Vegera: www.vegerazaros.gr
Organopeieío: www.stefanakis-antonis.gr

Die antiken Bauten verteilen sich auf zwei Gelände: den eintrittspflichtigen Teil mit den wichtigsten antiken Bauwerken nördlich der Straße und die idyllisch im Olivenhain verstreut liegenden Ruinen auf der anderen Straßenseite.

8

DER ÄLTESTE GESETZESTEXT DES KONTINENTS

DER WIEGE EUROPAS GANZ NAH – GÓRTIS

Die Ruinen des antiken Górtis (auch Górtyna) liegen zwischen Iráklio und Mátala in der fruchtbarsten und größten Ebene Kretas, der Messará. In der kretischen Hauptstadt aus römischer Zeit fand man den bisher ältesten Gesetzeskodex Europas. Die »Große Inschrift« ist Anziehungspunkt vieler Besucher.

Górtis, zwischen 67 v. Chr. und 823 n. Chr. Hauptstadt der Insel, soll schon Göttervater Zeus besucht haben. Der Legende nach zeugte er dort mit der von ihm entführten phönizischen Königstocher Europa, der unser Kontinent seinen Namen verdankt, den späteren König Minos. Prominenten Besuch hatte Górtis auch im Jahr 59 n. Chr., als Apostel Paulus mit seinem Weggefährten Titus dort begann, auf Kreta das Christentum zu verbreiten.

Ein Streifzug durch die Ausgrabungen

Im nördlichen Gelände steht noch ein Teil der großen Titus-Basilika aus dem 6./7. Jahrhundert, in der bis 1669 die Schädelreliquie von Titus aufbewahrt wurde, die antike *agorá* und das recht gut erhaltene Odeíon. An der Rückwand des Baus sind zwölf der einst 20 Tafeln aus 42 Steinblöcken mit Gesetzestexten aus dem 5. Jahrhundert v. Chr. zu sehen. Die etwa 17 000 Buchstaben bilden in dorischem Dialekt den Text des Straf- und Zivilrechts von Górtis. Nördlich davon gilt die uralte Platane als Zeugungsort von König Mínos. Zwischen den Ruinen auf der anderen Straßenseite ist man meist allein. Der Rundgang beginnt schräg gegenüber dem Parkplatz, wo sich ein Olivenbaum mit zwei Stämmen um eine antike Säule rankt. In Richtung Mitrópoli zweigt links ein Feldweg ab. Nach etwa 200 Metern erkennt man hinter einem Drahtzaun die Reste des Südosttheaters. An einem Apollon-Tempel vorbei geht es weiter zum Prätorium, dem Statthaltersitz mit Thermenanlage, und zum Tempel der Ägyptischen Götter.

Der Legende nach lebten, als Kreta noch mit Afrika verbunden war, in dieser Gegend Löwen. Als sich die Insel vom Kontinent löste, sprangen die meisten Löwen ab. Einer schaffte den Absprung nicht und weinte so lange, bis er zum großen Felskap wurde.

9

RUCKSACKTOURISMUS UND ZELTEN AM STRAND

LAGERFEUERROMANTIK UND TATENDRANG – LÉNDAS

Der Küstenort im Südwesten des Asteroúsia-Gebirges ist ein kleiner alternativer Urlaubsort abseits der Massen. Léndas (auch Léntas), bei Kretern als nahes und idyllisch-ländliches Ziel zum wilden Zelten beliebt, bietet nur wenige Unterkünfte und Tavernen, aber vielfältige Freizeitmöglichkeiten.

Der stille, beschauliche Ferienort Léndas liegt umgeben von zwei Felsenkaps in einer Bucht am Libyschen Meer. Den Namen verdankt Léndas der ungewöhnlichen Formation der westlichen Felsnase, die mit etwas Fantasie von Meer aus einem Löwen (griechisch *léontas*) gleicht. Das Örtchen mit dem ländlichen Charme wird von kleinen Pensionen und Hotels geprägt, die den etwa 250 Meter langen, nur selten überlaufenen Sand-Kies-Strand mit den Schatten spendenden Tamarisken säumen. Wildcamper und FKK-Fans lockt vor allem die Nachbarbucht Dytikós-Beach (auch Dískos-Beach) hinter dem westlichen Felskap.

Interessantes für Kulturfans und Aktive

Dass Léndas nicht nur für Ruhesuchende und Badefans interessant ist, merkt man schnell, wenn man im Ort ein wenig die Augen offen hält. Die Bewohner von Léndas haben sich allerlei für ihre Gäste einfallen lassen und bewerben auf Aushängen Griechischunterricht, Tauchkurse, Bootsausflüge und mehr. Für Sportliche bietet Lior Levi viele Aktivitäten an. Sein Angebot reicht von Trekking und Wandern über Klettern bis hin zu Canyoning. Ein Blick lohnt ins kleine Ausgrabungsgelände der antiken Siedlung Levin. Seit dem 4. Jahrhundert v. Chr. war sie mit dem Asklepios-Heiligtum, das an einer Thermalquelle erbaut wurde, Ziel von Pilgern und Heilungssuchenden. Man sieht Überreste eines in den Hang gebauten Tempels mit Ziegelwänden und monolithischen Säulen und ein teils erhaltenes Bodenmosaik.

www.lentas-online.com

IM MONDGEBIRGE – ASTEROÚSSIA-BERGE

Im Süden grenzt die Messará-Ebene an das wilde Asteroússia-Gebirge. Die eindrucksvolle Mondlandschaft des Bergzugs ist nicht nur für Wanderer, Kletterer und Mountainbiker interessant, sondern auch für Off-Road-Fans. Zahlreiche Pisten führen von den weltabgeschiedenen Dörfern immer wieder hinab zu winzigen Buchten und Küstenorten am Libyschen Meer.

Obwohl die Kreter die Ortschaften im Asteroússia-Gebirge auch mit einem Pkw befahren, ist ein Geländewagen wegen der größtenteils nur über raue und serpentinenreiche Pisten erreichbaren Küstenorte empfehlenswerter. Wer in Kretas Bergwelt unterwegs ist, merkt sowieso recht schnell, dass viele der oft steil auf- und abwärts führenden Pisten nichts für Fahranfänger sind. Auch von dem teilweise gewöhnungsbedürftigen Fahrverhalten, das einige Kreter auch auf den gut befahrbaren Asphaltstraßen an den Tag legen, sollte man sich nicht irritieren lassen. Die Einheimischen kennen die Strecken, haben es meist eilig und wissen, wo sie überholen können und wo nicht. Wer sich nicht stressen lassen will, fährt einfach rechts ran und lässt sich überholen. Gute Startpunkte für eine Tour durch die Gebirgswelt und die oft am Ende von tiefen Schluchten liegenden Küstenorte sind die Dörfer Stérnes, Chárakas und Pírgos am südöstlichen Rand der Messará-Ebene.

Beliebtes Quartier: Kapetanianá

Das kleine autofreie Bergdorf Kapetanianá auf 800 Höhenmetern ist seit vielen Jahren beliebter Ausgangspunkt für das Wander- und Klettergebiet rund um den höchsten Gipfel des Asteroúsia-Gebirges, den Kófinas (1231 m). Der kleine Ort

↑ Zerzauste Ziegen durchstreifen die wunderschönen, rauen Felslandschaften der kretischen Bergwelt.
↙ Immer wieder führen steile Pisten aus dem Asteroússia-Gebirge ans Meer wie nach Ágios Ioánnis.

am Fuß des Kófinas besteht aus den beiden Teilen Áno Kapetanianá (oben) und Káto Kapetanianá (unten). Im friedvollen und einsamen Kapetanianá scheint die Zeit stehen geblieben zu sein. Die recht steile, serpentinenreiche Straße, die gut über das Dorf Loúkia zu erreichen ist, wurde erst 2005 gebaut. Wenn man angekommen ist, überwältigt nicht nur der Blick auf den Kófinas, sondern besonders die grandiose Aussicht auf das Libysche Meer. Die wenigen Einwohner beschäftigen sich mit der Schafzucht und ihren Olivenbäumen. Wer ein wenig durch das Dorf spaziert, trifft auf uralte Häuschen, und am schmalen Fußweg, der die Dorfteile miteinander verbindet, auf die kleine Kirche Panagía aus dem Jahr 1402 mit recht gut erhaltenen Fresken. Seit 1984 leben die begeisterten Wanderer und Bergsteiger Marie Luisa und Gunnar Schuschnigg in Kapetanianá. Die Österreicher organisieren Wanderungen und vermieten in ihrem liebevoll restaurierten Bauernhaus Kófinas seit 1991 drei Doppelzimmer mit Gemeinschaftsbad und -küche. So zieht es seit Jahren auch zahlreiche Wanderer und Kletterer aus Europa nach Kapetanianá. Beliebte Ausflugsziele von Kapetanianá sind der über eine Serpentinenstraße erreichbare Küstenort Ágios Ioánnis mit einem 50 Meter langen Strand und das westlich gelegene Kloster Koudoumá von 1860.

Dörfer und Strände im Schatten hoher Gipfel

Das bei Kretern beliebte Küstenörtchen Trís Ekklisíes ist sowohl vom großen Dorf Pírgos über Priniás als auch über eine bessere, teilweise asphaltierte Strecke von Chárakas über das von Weinstöcken, Olivenbäumen und Getreide umgebene Dorf Paránimfi zu erreichen. Trís Ekklisíes (»Drei Kirchen«), das erst seit den 1980er-Jahren auch mit dem Auto zu erreichen ist, liegt am Ende der Ambás-Schlucht, die nur Canyoning-Erfahrene durchqueren können. Die Kreter kommen nach Trís Ekklisíes gerne zum Zelten am etwa 600 Meter langen Kiesstrand, auch wenn mittlerweile einige Fremdenzimmer dort eröffnet haben. Westlich von Trís Ekklisíes befindet sich gleich am Strand das Kloster Koudoumá. Auch dorthin kommt man über Paránimfi. Die etwa 20 Kilometer lange Piste, bei der man etwa 1000 Meter Höhenunterschied überwindet, führt durch die Gebirgswelt und zu Beginn durch einen winzigen Zypressen- und Pinienwald zur schönen Bucht.

INFO

TRADITIONELLE GÄSTEHÄUSER MIT FLAIR

Seit 2008 steht in Kapetanianá eine weitere Unterkunft bereit, in der viele Kreter auf der Suche nach Ruhe abseits des Alltags absteigen. Der sympathische und äußerst engagierte Márkos Skordalákis hat im unteren Dorfteil Káto Kapetanianá liebevoll 15 alte Natursteinhäuser restauriert. Die bis zu 300 Jahre alten Gästehäuser für zwei bis sechs Personen sind harmonisch in die Landschaft integriert. Eine traditionelle sowie gemütliche Einrichtung und die offenen Kamine schaffen ein warmes Ambiente. Ein Außenpool sorgt für Badefreuden mit herrlichem Blick auf die umliegenden Berge und das Libysche Meer. Die grandiose Aussicht spiegelt sich auch im Namen der Anlage Thalóri wider: Der erste Teil ist eine Abkürzung von *thálassa*, Meer, und der zweite Teil, *óri*, heißt Berge. In der angeschlossenen Taverne versorgen die Frauen der Familie ihre Gäste mit köstlichen kretischen Gerichten. Aktive können über das Thalóri an diversen Aktivitäten teilnehmen wie Klettern, Fischen oder Bootstouren. Gerne unternimmt Márkos mit seinen Gästen auch Off-Road-Touren mit dem Jeep.

WEITERE INFORMATIONEN

Gästehaus Kófinas: www.korifi.de
Gästehaus Thalóri: www.thalori.gr

GRANDIOSE LANDSCHAFT – FESTÓS UND AGÍA TRIÁDA

Die Ausgrabungen von Festós, dem zweitgrößten minoischen Palast, liegen auf einem niedrigen Plateau im Westen der Messará-Ebene. Festós begeistert nicht nur Archäologie-Fans mit den zwei erkennbaren Bauphasen, sondern auch Laien mit dem herrlichen Blick über die Ebene bis hin zum Psiloríitis-Gebirge. Die minoische Siedlung Agía Triáda liegt zwei Kilometer westlich von Festós idyllisch inmitten von Pinien.

Archäologisch Interessierte freuen sich sowohl in Festós als auch in Agía Triáda darüber, dass die Italienische Archäologische Schule, im Vergleich zu Sir Arthur Evans in Knossós, bei den Ausgrabungen nur äußerst wenig rekonstruiert hat. Genießen kann man dort aber auch die herrliche Lage mit Ausblicken in die Messará-Ebene und die sie säumende Berglandschaft. Herrscher über Festós war dem Mythos nach Rhadamanthys, ein Bruder des minoischen Königs Minos. Die ersten nachweislichen Siedlungsspuren in Festós stammen aus dem 4. Jahrtausend v. Chr.

11

Um 1900 v. Chr. baute man den Alten Palast von Festós, der um 1700 v. Chr. vermutlich durch ein Erdbeben zerstört wurde. Auf den mit Kalk und Keramik bedeckten Ruinen bauten die Minoer um 1600 v. Chr. den Neuen Palast. Architektonisch entsprach Festós der üblichen Struktur der minoischen Palastanlagen: Den Zugang zum Palast stellte der Westhof dar. Rund um den Zentralhof gruppierten sich hingegen die Gebäude. Die prächtigen Gemächer des Königs waren im Nordtrakt untergebracht.

Erkundungstour durch die Ruinen

Stufen verbinden den oberen Hof mit dem auf zwei Niveaus liegenden Westhof, den hauptsächlich Überreste des Alten Palasts umgeben. Aus dem Alten Palast stammen der gepflasterte Prozessionsweg, der den unteren Teil durchquert, sowie die runden Schächte, die als Zisternen gelten. Acht breite Stufen dienten auf dem Hof bei kultischen Festen als Tribüne für Zuschauer. Die Grundmauern der alten Palasträume liegen im Süden und Osten dieses Hofs. Zu den Überresten des Neuen Palasts führt die Freitreppe in der Nordostecke. Vermutlich diente sie auch als Eingang, denn dahinter eröffnete sich eine Art Halle mit einer Mittelsäule. Der prächtige Torbau war für die Teilnehmer der kultischen Riten auf dem Westhof auch Versammlungsraum. Der Freitreppe schließen sich im Süden zehn Lagerräume an, in denen unter anderem große *píthoi*, Aufbewahrungsgefäße für Öl und Wein, gefunden wurden. An den Zwischenwänden der einst zweistöckigen Magazine sind unbekannte minoische Zeichen zu erkennen. Der Gang, der zwischen den Lagerräumen entlangführt, endet an einem Vorratsraum mit drei Säulenbasen und öffnet sich auf der anderen Seite zum Zentralhof.

Auf dem großen Hof bezeugen Säulen- und Pfeilerbasen, dass er an seinen Längsseiten von Säulenhallen umgeben war. In der Nordostecke des Hofs lagen die Werkstätten und die Archivräume. Dort wurde der berühmte Dískos von Festós mit der bis heute nicht entzifferten Linear-A-Schrift gefunden. Er ist im Archäologischen Museum von Iráklio untergebracht. Im Schmelzofen an der Nordostecke des Zentralhofs wurden Metall- und Schlackenreste gefunden.

← Festós begeistert nicht nur Archäologie-Interessierte, sondern mit der tollen Lage auch Naturliebhaber

↗ Uralte erhaltene Freitreppen führen in Festós von einer Ebene auf die andere.

Die wichtigsten Räume sind die königlichen Gemächer, die sich nördlich an den Zentralhof anschließen. Treppenstufen weisen dort auf eine zweite Etage hin. Die Gemächer von Königin und König liegen am Nordhof. Die prächtigen Räume waren mit Alabasterplatten und Fresken geschmückt. Das Gemach der Königin war ein glanzvoller Saal mit Säulenhalle, Lichthof, gepflastertem Boden und zwei Bänken. Das Mégaron des Königs ist architektonisch interessant: Die Zweiteilung des Gemachs durch Säulen, kombiniert mit der Lage, versprach eine kühle Brise.

Minoische »Villa« in schöner Natur

Ähnlich wie Festós lockt das kleine Ausgrabungsgelände von Agía Triáda nicht nur Archäologie-Fans an, sondern auch Naturfreunde. Agía Triáda liegt friedvoll mitten im Grünen. Die Überreste der sogenannten minoischen »Villa«, die Bezeichnung einer kleinen Siedlung mit Prinzenvilla oder Sommerresidenz, stammen größtenteils aus der Zeit um 1600 v. Chr. Besonders wegen der Nähe zum minoischen Palast von Festós bleibt jedoch die Funktion von Agía Triáda bis heute ungeklärt. Die italienischen Archäologen, die seit 1902 in Agía Triáda graben, haben die Ruinen aus minoischer Zeit als Sommerresidenz eines Prinzen interpretiert. Da die Entfernung zwischen Festós und Agía Triáda jedoch äußerst gering ist, bleiben Zweifel.

Agía Triáda wurde ab 1600 v. Chr. nur für etwa 100 Jahre bewohnt, bis es ein Erdbeben zerstörte. Im Archäologischen Museum von Iráklio sieht man dennoch zahlreiche bekannte und wertvolle Funde aus dieser Zeit wie Wandmalereien, einen prächtigen Sarkophag, Tontafeln mit in Linear-B-Schrift

eingeritzter Buchhaltung sowie die berühmte Schnittervase und den Boxer-Rhyton. Auf den Ruinen wurde um 1400 v. Chr. eine mykenische Siedlung erbaut, die äußerst bedeutsam gewesen sein muss.

Minoische und mykenische Zeugnisse

Folgt man vom Eingang dem Weg nach rechts, gelangt man hinunter zur *agorá*, dem Marktplatz aus mykenischer Zeit, die auf Kreta einzigartig ist und eine der ältesten Griechenlands sein soll. Säulen- und Pfeilerbasen weisen dort auf eine überdachte Säulenhalle hin. Die acht gleich großen Räume auf der Ostseite der *agorá* bildeten die Ladenzeile. Gegenüber lag auf der Westseite die mykenische Wohnsiedlung. Vom Süden der *agorá* erreicht man durch einen sowohl in minoischer als auch in mykenischer Zeit genutzten Trakt den Südhof, den Platz der Heiligtümer. Dort wurde um 1300 die Kapelle Ágios Geórgios erbaut, in der noch Freskenreste aus dieser Zeit erhalten sind. Hinter der Kirche befand sich der minoische Handwerkstrakt mit Magazinen und der Küche. Nördlich davon geht es zu den schönsten Räumen aus minoischer Zeit. Im größten Saal mit *polythyra*, ein Saal mit vielen Türen, hat man wertvolle Gefäße gefunden. Gleich daneben lag ein weiterer Raum mit vielen Türen und steinernen Bänken. Dahinter fand man im Archivraum, der mit Alabasterplatten verkleidet und mit Fresken geschmückt war, minoische Tonsiegel. Das Mégaron, der Amtssitz des mykenischen Herrschers, befindet sich östlich dieser Räume unter einem Schutzdach. In den minoischen Magazinen darunter wurden die großen Aufbewahrungsgefäße *píthoi* gelagert. An der Treppe, die den Südhof mit dem Nordtrakt des Geländes verbindet, hat vermutlich einst die Straße begonnen, die wohl nach Festós führte. Teile des Pflasters sind noch zu erkennen. In der Südostecke des Südhofs waren Wohn- und Kulträume der Minoer untergebracht. Sie werden als Personalräume interpretiert.

↑ Der Panoramablick reicht über die Messará-Ebene bis zu den Bergen und zum Meer.
↖ Die große Freitreppe von Festós ist ein netter Platz für eine Rast.
← Die Kirche Ágios Geórgios bei Agía Triáda stammt nicht aus minoischer Zeit.

INFO

GRÖSSTER WOCHENMARKT

Wer in der Gegend ist oder sich an einem Samstag auf den Weg nach Festós oder Agía Triáda macht, sollte einen Halt in Míres einlegen. In dem Städtchen findet jeden Samstag von 7 bis 14 Uhr ein riesiger Wochenmarkt statt, bei dem nicht nur unzählige regionale Produkte wie Obst, Gemüse, Gewürze verkauft werden. An den Marktständen findet man auch Haushalts- und Billigartikel, Kleidung und vieles mehr. Der Markt versprüht orientalisches Flair. Verkäufer und fliegende Händler buhlen um Kundschaft und feilschen um die Preise ihrer Produkte. Am besten kommt man so früh wie möglich und stellt das Auto außerhalb des Ortskerns ab. Stärken kann man sich schon frühmorgens mit frisch gegrillten *souvláki*, Käse, Oliven und vielem mehr.

WEITERE INFORMATIONEN

Festós: April–Okt. tgl. 8–20 Uhr, Nov–März tgl. 8.30–17 Uhr.
Agía Triáda: Mai–Okt. tgl. 10–17 Uhr, Nov.–April tgl. 8.30–15.30 Uhr

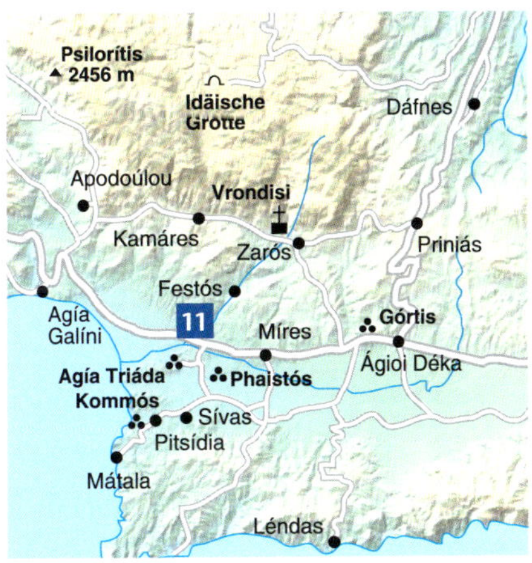

12

URLAUB IM ZEICHEN DER BLUMENKINDER

SCHWELGEN IN ERINNERUNGEN – MÁTALA

Die unbeschwerte Atmosphäre und die Suche nach verbliebenem Hippie-Flair locken jährlich viele Urlauber nach Mátala, das sich in den 1960er-Jahren als Hippie-Spot weltweit einen Namen machte. Das nahe gelegene und ursprünglich gebliebene Binnendorf Pitsídia besuchen seit Jahren deutsche Individualtouristen. Gut erreichbar ist auch einer der schönsten Strände Kretas: der lange und sandige Kommós.

Wenn es um Mátala geht, denken die meisten zunächst an die Hippies, die das einst winzige Fischernest bekannt machten. Dennoch ist geschichtlich nicht nur die Hippie-Ära, die in den 1960er-Jahren begann, interessant. Der Mythos berichtet, dass Zeus mit der von ihm entführten Prinzessin Europa, der unser Kontinent seinen Namen verdankt, in Mátala an Land ging. Im 1. und 2. Jahrhundert dienten die vielen Höhlen in der nördlichen Sandsteinwand der Bucht als Grabkammern. Jahrhunderte später wohnten dort Blumenkinder aus aller Welt, die hier einen Halt auf ihrer Reise nach Goa oder Nepal einlegten. Die ehemaligen »Ein- und Zwei-Raum-Wohnungen« der Hippies gelten als Wahrzeichen von Mátala. Wer hinaufklettert, überblickt den etwa 200 Meter langen Sand-Kies-Strand. Am anderen Ende der Bucht ziert der Leitspruch »*Today is life, tomorrow never comes*« die Mauer des alten Fischerviertels, der heutigen Ausgehmeile.

Hippie-Flair damals und heute

Mit dem seit 2011 jährlich am Pfingstwochenende stattfindenden Mátala Beach Festival hat die Gemeinde eine gute

← Vor dem ehemaligen Fischerviertel von Mátala schaukeln immer noch bunte Boote im Wasser

Möglichkeit gefunden, auch kretische Gäste anzulocken und an die Blumenkinder zu erinnern. Die jungen Leute aus Europa, Australien und den USA, die sich damals in den Höhlen von Mátala niederließen, gaben den Wohnhöhlen Namen wie »Globe« oder »Hilton«. Während die Wohnhöhlen im unteren Bereich von den Hippies bewohnt wurden, die schon länger da waren, mussten sich die Neuen in weiter oben liegenden Höhlen einquartieren. An die Blumenkinder erinnern jedoch nicht nur die Höhlen. So stehen beispielsweise auch viele Lokale und Läden im Zeichen der Hippies. Seit Einführung des Festivals wird auch die Platía mit Streetpaintings geschmückt.

Ursprüngliches Dorf für Individuelle

Obwohl die gemütliche Ortschaft Pitsídia schon zu Hippie-Zeiten eine beliebte Übernachtungs-Alternative zum nahen Mátala darstellte und seit den 1980er-Jahren Jahren von zahlreichen deutschen Individualtouristen besucht wird, hat sie sich ihre Bauerndorf-Atmosphäre bewahrt. Dem Ort mit den urigen Dorfhäusern, dem Landleben und den gackernden Hühnern konnten einige Besucher nicht widerstehen. So trifft man bei einem Bummel oft auf zugezogene Ausländer, deutschsprachige Einwohner und spielende Kinder, die aus deutsch-griechischen Familien stammen. Wer in den kleinen Pensionen oder in den Ferienhäusern von Pitsídia wohnt, verbringt die Zeit in Tavernen, sitzt mit Kretern im *kafenío*, nimmt an Workshops oder Wanderungen teil, die dort lebende Ausländer anbieten, oder geht in Mátala oder im zwei Kilometer entfernten Kommós baden.

Archäologisch wertvoll – Kommós

Der lange Kommós Beach ist ein schöner, breiter und größtenteils unerschlossener Sandstrand westlich von Pitsídia und präsentiert sich mit Dünen und den Schatten spendenden Tamarisken. Hier ist zu beachten, dass der Meeresboden steil abfällt und teilweise rutschige Felsplatten im Wasser liegen. Von den Tavernen und der Beach Bar am südlichen Strandende, hinter dem die Bucht von Mátala liegt, hat man einen grandiosen Ausblick auf den Strand und die Gebirgswelt im Landesinneren. Die Straße, die durch Felder und Brachland von Pitsídia nach Kommós führt, endet an dem umzäunten Gelände des minoischen Hafens von Festós, den kanadische Archäologen seit 1976 freilegen. Die Grundmauern von Tempeln und Wohnhäusern sowie die Reste einer gepflasterten Straße sind über den Zaun hinweg erkennbar, aber aufgrund der andauernden Arbeiten noch nicht für Besucher freigegeben. Das als Hafenstadt von den Minoern angelegte Kommós wurde später von Phöniziern und in der Antike von den Griechen weiter genutzt.

INFO

KLOSTER UND KLETTERREVIER IN SCHÖNER NATUR

Die Schlucht Agiofárango, die in eine schöne graue Kiesbucht am Meer mündet und von Mátala aus auch mit Booten angesteuert wird, lohnt nicht nur als Kletterparadies, sondern auch zum Baden einen Besuch. Wer sich mit dem Auto auf den Weg macht, sollte beim Kloster Odigítrias aus dem 14. Jahrhundert einen Halt einlegen. Wer das Kloster oder die Schlucht besuchen will, folgt vom Dorf Sívas aus zunächst der sieben Kilometer langen Asphaltstraße bis zum Konvent. Bereits von Weitem ist die frühere Funktion des hübsch restaurierten Klosters, in dem noch sechs Mönche leben, erkennbar: während der osmanischen Besatzungszeit diente der wehrhafte Bau mit den hohen Mauern den Kretern als Versteck. Vom Kloster kann man über eine Schotterpiste bis zu einem Parkplatz fahren, von dem es in 20 Minuten zu Fuß durch Oleander, Oliven- und Johannisbrotbäume zum Kieselstein-Strand geht. Kletterer seilen sich dort an den bis zu 40 Meter langen Routen ab.

WEITERE INFORMATIONEN

Mátala: www.visitmatala.com
Klettern in der Agiofárango-Schlucht: www.climbincrete.com

Traumhaft ist der Blick von der Halbinsel Spinalónga in die Mirabéllo-Bucht.

DIE INSEL ERKUNDEN

Rund um Ágios Nikólaos
und Ierápetra

Kolpos Maliou
Akr. Hersonissou
Anissaras
Liménas Chersonissou
Ormos Popou
Paralia Milatou
Sisi
Milatos
Malia
Stalida
Epano Sisi
Malia
E 75
90
Moni Agia Andrea
Agios Ioannis
Akr. Agios Ioannis
Vlihadia
Koudoumalos
Mironikitas
Amigdalea
Skinias
Vrouhas
Amigdolakos
Kournali
Frathias
Nofalias
Moni Aretiou
Karidi
15 Spinalónga
Nisi Kalidou
Pláka
14
Perambela
Nisi Spinalonga
Kourounes
Vrahasi
Latsida
Kato Pines
Nisi Kolokithia
Moni Gouverniotissas
Mohos
Potamies
Moni Agiois Georgios Vrahasioti
Driros
Eloúnda
14
Voulismeni
Neapoli
Fourni
Akr. Vangi
Sfendili
Nikithianos
Agios Pelagia
Ormos Popou
Selena Oros
Houmeriakos
Akr. Pleora
Krasi
Ellenika
Avdou
Selena 1599
Mahera 1487
Ormos Agios Nikolaou
Aski
Gonies
Kera
Moni Kardiotissa
Zenia
Karterides
E 75
90
Nisi Psira
Tzermiado
Exo Potami
Adrianos
Nisi Agios Pandes
Pinakiano
Potamos
Tapes
Flamouriana
ÁGIOS NIKÓLAOS
13
Lassíthi-Hochebene
Amariano
Lató
Katharo Tsivi 1564
Agios Haralambos
16
Plati
Agios Konstantinos
Mirabello-Bucht
Panagia Kera
Akr. Legamena
Psichro
Agios Georgios
Ammoudara
Kritsá
17
Dikteo Andro
Folklore-museum
Katharo Plateau
Tholo
Sarakinou 1588
Avdeliakos
Platan
Kroustas
Mageneftra 1462
Nisi Konida
Kavous
Dikti-Gebirge
Agios Silas
Pirgos
Istro
Pachia Ammos
E 75
Dikti 2148
Koureli 1396
Kalo Horio
18
Gourniá
90
Moni Faneromenis
Giannou Korifi 665
Prina
Mathokotsana
Thrip
Katofini
Vasiliki
Afendis Christos 2141
Psoriaris
Christos
Males
Meseleri
Monastiraki
Apliki 1183
Kalamafka
Stavros
Kato Viannos
22
Áno Viánnos
Madara 1783
Moni Exakoutis
Mithi-Schlucht
Estavromenos 951
Makrilia
Episkopi
Kato Chorio
Thripti-Gebirge
Kefalovrisi
Epano Simi
Anatoli
Kalogeri
Kendri
Hondros
Agios Vasilios
Mithi
Riza
Mournies
Vaïnia
Koutsounari
Agia Moni
Kalami
Gra Ligia
Loutraki
Pirgos
Fournou Korifi
Nea Anatoli
Ierápetra
19
Ormos Pe
Moni Arvis
Mírtos
21
Tertsa
Akr. Katergo
Keratokambos
Arvi
Akr. Xeromili
Ormos Keratokampou
Akr. Peristerionas
Akr. Sidonia
Ormos Tertsa
N
0
5 km
Nisi Chrisí
20
Mikronisi
Agios Nikolaos
Akr. Zarathustra

ZWISCHEN MIRABELLO-BUCHT UND LIBYSCHEM MEER

ROUTE UM ÁGIOS NIKÓLAOS & IERÁPETRA

Mit sanft ins Meer abfallenden Bergen ist die Mirabello-Bucht zweifellos einer der schönsten Küstenabschnitte Kretas. Ländliches Flair versprechen die Bergdörfer der Lassíthi-Hochebene, Kritsá und auch das Städtchen Ierápetra im Süden. Eine herrliche Naturkulisse birgt die Region zwischen Káto Sími und Áno Viánnos.

Von der ursprünglichen 16 **Lassíthi-Hochebene**, wo Urlauber das Landleben kennenlernen können, windet sich die schmale, doch landschaftlich reizvolle Straße hinab über Zénia in Richtung Ágios Nikólaos. Hinter Neápoli führt eine Unterführung auf die gegenüberliegende Seite der Nationalstraße zu einer Hügellandschaft voller Olivenhaine und Zypressen. Hungrige legen einen Halt in Fourní ein. Alle anderen fahren direkt zum Kloster Aretíou weiter. Durch die Bergdörfer Skiniás und Vrouchás geht es mit grandiosem Blick auf die Mirabello-Bucht hinab Richtung 14 **Pláka** und **Eloúnda**. Ein Muss ist die Überfahrt von dort zur Festungsinsel 15 **Spinalónga**. Entlang der Küste führt die Straße südlich nach 13 **Ágios Nikólaos**, der schmucken Hauptstadt der Provinz Lassíthi. Wer sich in der Nähe ein hübsches Bergdorf ansehen möchte, kann von Ágios Nikólaos aus oder auf der weiteren Fahrt einen Abstecher in das Bergdorf 17 **Kritsá** machen. Archäologie-Interessierte erkunden dort die Ausgrabungsstätte von Lató und legen anschließend einen weiteren Zwischenstopp am minoischen 18 **Gourniá** ein.
Dann geht es hinter Pachiá Ámmos über Kretas Wespentaille gen Süden. Linkerhand fasziniert auf der kurzen Strecke die markante Spalte der Cha-Schlucht. Kretas einzige Südküstenstadt 19 **Ierápetra** ist schnell erreicht. Landwirtschaft und viele Gewächshäuser prägen sie dank des milden Klimas und des fruchtbaren Bodens. Strandfans lockt von hier ein Tagesausflug zum unbewohnten Eiland 20 **Chrissí**.
Vorbei an Gewächshäusern geht es dann westlich zum blumenreichen Urlaubsörtchen 21 **Mírtos**. Dahinter verläuft die Straße entlang des Südhangs des Díkti-Gebirges. In der Region um Káto Sími versprühen wilde Kräuter ein herrliches Aroma in den grünen Wäldern. Hungrig? Dann ist eine Einkehr in einer Taverne in Káto Sími ein guter Plan. Den Kaffee gibt es am Ziel in 22 **Áno Viánnos** unter der schattigen Platane auf dem Dorfplatz.

INFO

TOUR
Start: Lassíthi-Hochebene
Ziel: Áno Viánnos
Länge: 184 km
Dauer: 5–6 Tage
Beste Reisezeit: Sommerhalbjahr
Unterkunft: Vasilikata, Lassíthi-Hochebene, www.vasilikata.gr, Elounda Garden Suites, Eloúnda, www.eloundagardensuites.com, Emerald Lake Studios, Ágios Nikólaos, www.emeraldlakestudios.com, Cretan Villa, Ierápetra, www.cretan-villa.com, Big Blue, Mírtos, www.big-blue.gr

WEITERE INFOS
Alternativ kann man die Tour auch in Ágios Nikólaos starten und die Lassíthi-Hochebene im Rahmen eines Tagesausflugs besuchen. Ein Highlight für die ganze Familie ist nach der Lassíthi-Hochebene ein Besuch im Amazonas Park, einem kleinen Privatzoo, in dem man auch Lemuren füttern darf, www.facebook.com/amazonasparkcrete.

MALERISCHE LAGE AN DER MIRABELLO-BUCHT

PROVINZSTADT AM SEE – ÁGIOS NIKÓLAOS

Obwohl Kretas kleinste Provinzhauptstadt seit Jahrzehnten unzählige Gäste hat, schafft Ágios Nikólaos den Spagat zwischen Tourismus und der kretischen Individualität scheinbar im Handumdrehen. Die reizvolle Lage an der Mirabello-Bucht und der malerische Voulisméni-See schaffen in dem Städtchen mit zahlreichen Neubauten eine angenehme Atmosphäre.

Die lebhafte Kleinstadt Ágios Nikólaos begeistert nicht nur mit dem harmonischen Zusammenspiel von einheimischem und touristischem Leben, sondern in erster Linie mit seiner fantastischen Lage an der Mirabello-Bucht, die im Osten vom Fischerdorf Móchlos und im Norden vom winzigen Pláka begrenzt wird. Die Stadt mit dem auf zwei Seiten von Felsen umsäumten Voulisméni-See erstreckt sich vor den Anhöhen des Hinterlands. Sucht man in Ágios Nikólaos nach alter Bausubstanz, wird man jedoch enttäuscht. Ágios, wie es die Einheimischen kurz nennen, hat sich nämlich erst im letzten Jahrhundert rasant vom Fischerort zur modernen Stadt gewandelt. Außerdem war der Ort Vorläufer

13

für den kretischen Tourismus. Als Hauptstadt der Provinz Lassíthi bildet Ágios das quirlige Geschäfts- und Behördenzentrum Ostkretas. Kein Wunder also, dass tagsüber die Bewohner aus den Dörfern im Hinterland, die ihre Behördengänge und Einkäufe erledigen müssen, mit ihren Pick-ups das Straßenbild prägen.
Die Stadt mit den teilweise recht engen, auf und ab führenden Straßen präsentiert sich mit neuen Gebäuden, vielen Hotels, Tavernen und Cafés. Attraktive Akzente setzen die vom Hafen bis zum kleinen, kiesigen Stadtstrand Kitroplatía verlaufende Promenade mit Cafés und Bars der jungen Szene sowie modernen Tavernen, die parallel zum See verlaufende Fußgängerzone 28is Oktovríou und die hübsch gestaltete, mit Bäumen bepflanzte Parallelstraße Roússou Koundouroú mit ihren originellen Schmuck-, Kunsthandwerk- und Souvenirläden. Die stadtnahen Strände machen die Mischung perfekt und locken auch Badeurlauber an.

Ein Rückblick in die Vergangenheit

Auch wenn man es Ágios Nikólaos nicht ansieht, blickt es doch auf eine jahrtausendealte Geschichte zurück. In der Antike erstreckten sich an der Stelle des Stadtgebiets unter dem Namen Lató pros Kamára der Bistumssitz und die Hafenstadt der dorischen Siedlung Lató. Im 13. Jahrhundert machten die Genuesen, die auf dem Hügel südlich des Hafens das Kastell Mirabello erbauten, den über Kreta herrschenden Venezianern die Insel streitig. Dennoch siegten letztlich die Venezianer, die das Kastell erweiterten und den Ort nach der im 8. oder 9. Jahrhundert erbauten Kapelle Ágios Nikólaos benannten. Im Jahr 1645, als die Osmanen den Ort eroberten, machten die Venezianer ihr Kastell dem Erdboden gleich, sodass heute nur noch der Name der Bucht, Mirabello, also »Schöne Aussicht«, an die Venezianer und die Festung erinnert. Ágios blieb bis zur zweiten Hälfte des 19. Jahrhunderts ein kleines Fischerdorf. Um 1870, als viele Menschen aus den kretischen Bergdörfern an die Küste zogen, siedelten sich auch hier Einwohner aus den nahen Binnendörfern wie Kritsá, aber auch aus Dörfern Westkretas an. Zur Provinzhauptstadt von Lassíthi wurde Ágios Nikólaos im Jahr 1904.

← Am frühen Abend wird das lebhafte Provinzstädtchen Ágios Nikólaos mit dem Voulisméni-See in ein ganz besonderes Licht getaucht.
↗ Ein Spaziergang rund um den See mit den vielen Fischerbooten ist zu dieser Tageszeit sehr inspirierend.

Mediterranes Leben rund um den See

Auch wenn Ágios Nikólaos mit den Neubauten und den Hotels, die glücklicherweise gut ins Stadtbild integriert wurden, auf den ersten Blick nicht besonders romantisch wirkt, sorgt der Voulisméni-See, der seit 1870 über einen kurzen, zwölf Meter breiten Kanal mit der Ägäis verbunden ist, für äußerst idyllisches Flair. Der 64 Meter tiefe, auf zwei Seiten von steilen Felswänden gesäumte See war vorher neben dem See von Agiá bei Chaniá und dem Kournás-See in der Nähe von Réthimno einer von drei Süßwasserseen Kretas. Heute ist das tiefgrün schimmernde Wasser, in dem laut Mythos schon die Göttinnen Artemis und Athene ihr Bad genossen, eine Mischung aus Salz- und Süßwasser. Der Voulisméni-See ist Wahrzeichen und Treffpunkt der Stadt. Und die kleine Seebühne ist eine ideale Kulisse für Sommerveranstaltungen. Für mediterranes Flair sorgen an den Ufern nicht nur die Tavernen und Cafés, die zum Teil sowohl von Einheimischen als auch von Touristen besucht werden, sondern vor allem die vielen farbenfrohen, an den Kais vertäuten Fischerboote. Am Abend wird es mit der hübsch beleuchteten, winzigen Felskapelle Ágios Nikólaos am Südwestufer, die einst von Fischern erbaut wurde, romantisch. Dort laden Bänke zwischen Tamarisken zum Verweilen ein. Wer mag, kann außerdem über 130 Stufen die Felswand hinaufsteigen und den herrlichen Blick über den Voulisméni-See auf die Mirabello-Bucht genießen.

Interessante Museen

An der Brücke, die über den Kanal verläuft, zeigt das kleine, sehenswerte Folkloremuseum der Stadt eine schöne Sammlung alter, farbenfroher Webarbeiten, kretische Trachten, hübsche Stickereien, Musikinstrumente, eine Münzsammlung und Fotos des touristisch unbeeinflussten Städtchens aus den 1930er-Jahren. Folgt man dort der Odós Paleologoú bergauf, kann man im Archäologischen Museum, das nach langen Restaurierungsarbeiten voraussichtlich 2022 wieder eröffnet, viele uralte Funde aus Ostkreta bestaunen. Zeitlich reichen die Exponate wie die vielen Keramikobjekte, der wertvolle Goldschmuck oder die minoischen Sarkophage von der Jungsteinzeit (Neolithikum) bis hin zur griechisch-römischen Epoche. Highlight ist ein Spendgefäß aus frühminoischer Zeit mit dem Namen »Göttin von Mírtos«. Mit seiner Glockenform, den aufgemalten Brüsten und dem Schamdreieck erinnert das Gefäß an eine Frauenfigur. Auf einem langen schmalen Hals sitzt ein kleiner Kopf. Mit zwei dünnen Armen hält die »Göttin« eine kleine Kanne, die zum Ausgießen diente.

↑ Urlaub direkt am Meer – Im Minos Beach Art Hotel.
↗ Am Hafen zeigt eine große Bronzestatue den zum Stier verwandelten Zeus bei der Entführung von Prinzessin Europa und erzählt somit von der mythologischen Geschichte des Kontinents.
→ Viele Läden locken in Ágios zum Shopping.

Auf den Spuren des Namensgebers

Dass die Religion in Griechenland und somit auch auf Kreta eine sehr wichtige Rolle spielt, zeigt sich nicht nur durch die zahllosen, zuweilen mitten im Nirgendwo verstreut liegenden Kirchen und Klöster, sondern ebenfalls an den Namen vieler Orte. Ágios Nikólaos wurde nach dem Schutzheiligen der Seefahrer, dem heiligen Nikolaus, benannt. Die ihm geweihte Kapelle, der die Stadt ihren Namen verdankt, ist für Freunde byzantinischer Kunst einen Besuch wert. Die Kapelle aus dem 8./9. Jahrhundert, die außerhalb der Stadt auf dem Gelände des Hotels Minos Palace steht, ist eine der ältesten Kirchen Kretas. Auf ihre Errichtung zu dieser Zeit während des Ikonoklasmus (Bilderstreit, 726–780 und 815–843) weisen erhaltene Fresken hin. Da die Darstellung von Heiligen und biblischen Szenen verboten war, mussten sie durch andere Symbole ersetzt werden. Unter der Schicht mit figuralen Fresken aus dem 14. Jahrhundert sieht man somit eine Schicht mit floralen und geometrischen Motiven.

INFO

KRETAS ERSTES LUXUSHOTEL

Obwohl es in der Umgebung von Ágios Nikólaos viele Luxushotels gibt, ist das Minos Beach Art Hotel besonders wegen seiner stadtnahen Lage ideal. Das erste Luxushotel der Insel wurde bereits 1963 eröffnet und gilt als Pionier unter den Hotels der gehobenen Kategorien. Die luxuriösen und geräumigen Bungalows mit eigener Terrasse liegen in einem 60 Hektar großen Garten mit Palmen, farbenprächtigen Bougainvilleen und Maulbeerbäumen. Besonderen Wert legt man im »Minos Beach« auf den Service, der nichts zu wünschen übrig lässt. Für Kunstfreunde hält das Hotel im Garten ausgestellte Kunstwerke internationaler Künstler bereit, die im Rahmen von jährlich stattfindenden Art-Symposien ausgestellt werden.

WEITERE INFORMATIONEN

Offizielle Webseite von Ágios Nikólaos:
www.facebook.com/VisitAgiosNikolaosCrete
Minos Beach Art Hotel:
www.minosbeach.com

Традиционные продукты
Натуральная косметика на основе оливкового масла

14

LUXUS PUR IM ALTEN FISCHERDORF

WAS DAS HERZ BEGEHRT – ELOÚNDA UND PLÁKA

Eloúnda ist als Kretas Top-Adresse für erstklassige Unterkünfte weltweit bekannt. Dennoch ist der Ort bodenständig geblieben. So geht es im einstigen Fischerdorf, in dessen Hotels viel Prominenz und Geldadel nächtigt, noch recht gemächlich zu. Das Nachbardorf Pláka erlangte hingegen erst in den letzten Jahren Bekanntheit. Gute Fischtavernen versprechen dort kulinarische Gaumenfreuden.

Das einstige Fischerdorf Eloúnda bekam in den 1960er-Jahren durch den Filmdreh für den Krimi *Der Millionenschatz* von Walt Disney erste Aufmerksamkeit. Heute ist Eloúnda mit einigen der besten Hotels Griechenlands nicht nur landesweit bekannt. Mit den Luxusunterkünften, in denen kaum Wünsche offen bleiben, ist es beliebtes Urlaubsziel für die High Society. In den Hotels, die viel Wert auf Diskretion legen, treffen sich Politiker, Adlige, Sportler sowie Stars und Sternchen aus aller Welt. Zur Verfügung stehen den Gästen nämlich nicht nur Annehmlichkeiten wie exquisite Restaurants, hervorragende Wellnesszentren, private Pools oder Butler. Wer möchte – und es sich leisten kann – genießt auch Vorzüge wie private Dinner mit eigenem Pianisten, Helikopter-Transfers oder private Segeltörns. Wer möchte und nicht in einem dieser Hotels wohnt, kann in den Gourmet-Restaurants der Anlagen reservieren.

Eloúnda außerhalb der Luxushotels

Wer seinen Urlaub nicht in den Hotels verbringt, bekommt vom Luxus kaum etwas mit. In den Cafés und Tavernen am Fischerhafen mit seinem markanten Uhrturm und an der Promenade vertreiben sich hauptsächlich Tagestouristen und diejenigen die Zeit, die auf die Festungsinsel Spinalónga übersetzen möchten. Da der aufgeschüttete Sandstrand von Eloúnda nicht besonders idyllisch ist, suchen Besucher oft den schöneren Sandstrand Kolokítha auf der Halbinsel Spinalónga auf. Beide Strände sind jedoch nichts für Ruhesuchende. Die Halbinsel Spinalónga bildete früher zusammen mit der Küste den Hafen der antiken Stadt Ólous, einst einer der wichtigsten Häfen Ostkretas. Tektonische Verschiebungen führten jedoch dazu, dass Teile Westkretas anstiegen und Teile Ostkretas wie Ólous versanken. Auf dem Weg zur Halbinsel sind entlang des Damms noch alte Salinen erkennbar. Hinter dem Restaurant Kanali am Damm sind noch Überreste eines Bodenmosaiks einer Basilika aus dem 5. Jahrhundert zu sehen.

Charmant verschönertes Fischerörtchen

Jahrelang galt das kleine Pláka unter Städtern aus Ágios Nikólaos als Geheimtipp in Sachen idyllisch gelegene Fischtavernen. Dreharbeiten für eine griechische Fernsehserie nach dem Roman *Insel der Vergessenen* von Victoria Hislop rund um die Lepra-Insel Spinalónga machte das Örtchen in den letzten Jahren jedoch bekannt und brachte Veränderungen sowie viele griechische Gäste mit sich. Das winzige Fischerdorf war zu Zeiten der Lepra-Kolonie auf der vorgelagerten Insel Spinalónga ihr Fährhafen und ihre Kontaktstelle zur Außenwelt. Mit Schließung der Kolonie im Jahr 1957 geriet Pláka schließlich in Vergessenheit. Erst in den letzten Jahren erkannte man den touristischen Wert des malerischen Örtchens mit dem einzigartigen Blick auf die vorgelagerte Insel. Außer den idyllisch gelegenen Fischtavernen an der kurzen Promenade mit ihren restaurierten Häuschen entstanden kleine Hotels sowie die große Fünf-Sterne-Anlage Blue Palace am südlichen Ortsrand.

Entspannte Freizeit ohne viel Programm

Für Sightseeing-Fans hat Pláka außer der Insel Spinalónga eigentlich keine Attraktionen. Aber ein kurzer Bummel über die Promenade und das süße Nichtstun in den wenigen, gemütlichen Lokalen oder auch am Strand lohnen den Besuch in Pláka. Kleine Badebuchten zwischen Pláka und Eloúnda und der etwa 100 Meter lange Kieselstrand am nördlichen Ortsrand laden zum Baden ein. Shopping-Fans freuen sich über kleine, originelle Läden, die auf Erkundung warten.

↖ An der Küste von Eloúnda haben sich mehrere exzellente Luxushotels angesiedelt.

INFO

UNENTDECKTES HINTERLAND

Freunde schöner Landschaften und Unternehmungslustige können sich mit dem Mietwagen, Motorroller oder Motorrad ins weitgehend unberührte und von Touristen eher selten besuchte Hinterland aufmachen. Schön ist zum Beispiel ein Ausflug von Pláka zum nördlich liegenden Dorf Vrouchás. Die Strecke verspricht herrliche Aussichten. Vor dem Ortseingang lohnt ein Stopp bei den hübsch restaurierten Windmühlen. Auf der Halbinsel im Hinterland von Pláka trifft man immer wieder auf einsame und ursprünglich gebliebene Dörfer wie auch auf das ruhige Sélles. Außerdem sind auf der Halbinsel zahlreiche Kapellen sowie verlassene und bewohnte Klöster verstreut, die zum Teil aus venezianischer Zeit stammen, wie etwa die Moní Aretíou. Das Kloster Aretíou ist ein wehrhaftes und hübsch restauriertes Kloster aus dem 17. Jahrhundert, das unter hohen Zypressen weilt. Außer der Ruhe begeistern auf der Tour immer wieder die Panoramablicke auf den Golf von Mirabello.

WEITERE INFORMATIONEN

Luxushotels von Eloúnda:
www.elounda.com

LEIDVOLLE GESCHICHTE – SPINALÓNGA

Aufgrund der betrüblichen, immer bekannter werdenden Geschichte, die das kleine Felseiland in der ersten Hälfte des 20. Jahrhunderts prägte, avancierte Spinalónga in den letzten Jahren zu einem der Top-Ausflugsziele Kretas. Die einstige Festungsinsel der Venezianer hat aber nicht nur mit der Lepra-Kolonie im 20. Jahrhundert Geschichte geschrieben, sondern auch in den Jahrhunderten zuvor.

Im Jahr 2007 machte der Bestseller *Insel der Vergessenen* von Victoria Hislop die neuere Historie der acht Hektar kleinen Insel weltweit bekannt. Bewegende Geschichten um Leben und Tod wirken seitdem wie ein Magnet für unzählige Tagestouristen, die sich täglich von Ágios Nikólaos, Eloúnda oder Pláka auf den Weg zum kleinen Eiland mit dem offiziellen Namen Kalydón machen. Diesen neuen Namen bekam das nur 400 Meter lange und 200 Meter breite Inselchen bereits 1957. Dennoch nennen Einheimische, Tour-Anbieter und somit auch Fremde die Insel weiterhin bei ihrem alten Namen Spinalónga.

Jahrhundertealte, vielseitige Geschichte

Die leidvolle Geschichte der Leprakolonie lässt viele vergessen, dass die Bebauung Spinalóngas bereits auf das 16. Jahrhundert zurückgeht. In der Zeit, als die Osmanen gefährlicher wurden, sicherten die Venezianer die Insel durch eine Festung mit einer 1200 Meter langen, gut erhaltenen Mauer ab. Bis heute zeugen auch die Bastionen rechts und links des Besuchereingangs, die vom venezianischen Markuslöwen geziert werden, von der äußerst guten Befestigung der Südseite. Die Mauer konnte den Osmanen fast 50 Jahre länger

15

↑ In den Ruinen der einstigen Leprakolonie kann man sich ein Bild von den früheren Wohnverhältnissen der Kranken machen
↙ Herrlicher Blick von den Berghängen oberhalb von Pláka auf Spinalónga.

standhalten als Kreta, das bereits 1669 an die Osmanen fiel. In dieser Zeit nutzten viele Kreter das befestigte Spinalónga als Zufluchtsort. Die osmanische Eroberung hatte jedoch zur Folge, dass viele dort lebende Kreter, aber auch Venezianer auf den Sklavenmärkten verkauft wurden.
Da im 19. Jahrhundert die kretischen Aufstände für die osmanische Bevölkerung auf Kreta immer gefährlicher wurden, zog es immer mehr Moslems nach Spinalónga. Mit der Reaktivierung des Hafens verbesserte sich schließlich ab 1856 das Verhältnis zwischen Griechen und Osmanen. Auf dem Inselchen ließen sich Handwerker, Einzelhändler und Großgrundbesitzer nieder. Zahlreiche venezianische Gebäude auf der Süd- und Westseite wurden durch neue, zweistöckige Wohnhäuser ersetzt.

Die Ostseite wurde aufgrund der starken Winde in der Bucht kaum bebaut. Außer Zisternen legte man dort nur einen kleinen osmanischen Friedhof an. Der Freiheitskampf der Kreter führte 1897 dann dazu, dass türkische Aufständische Spinalónga bombardierten. Das Inselchen kam unter den Schutz der Großmächte Großbritannien, Italien, Frankreich und Russland, sodass die türkischen Truppen abzogen.

Leprakolonie – Spinalóngas prägendste Epoche

Als Kreta 1898 autonom wurde, beschloss die Regierung, Spinalónga zur Leprakolonie umzuwandeln. In den folgenden fünf Jahren mussten die 270 Einwohner die Insel verlassen, und leprakranke Kreter wurden dorthin gebracht. Ab 1913, das Jahr, in dem sich Kreta mit Griechenland vereinigte, folgten auch Griechen vom Festland. In den 1930er-Jahren lebten etwa 1000 Leprakranke auf Spinalónga. Innerhalb der Mauern entwickelte sich eine eigenständige Kommune. Die Kranken waren zwar auf Hilfe von außen angewiesen, versuchten jedoch, ihr Leben so »normal« wie möglich weiterzuführen. Es gab Handwerker, Bäcker, Fischer, Priester, ein Lebensmittelgeschäft und ein kleines *kafenío*. Sie gründeten trotz Verbots sogar neue Familien. Aus Angst vor Ansteckungen war die ärztliche Versorgung zunächst unzureichend. Das erste Krankenhaus wurde erst 1937 eröffnet.
Ein heilendes Medikament aus den USA erreichte die Leprakolonie 1948. Geheilte konnten die Insel verlassen, Kranke wurden in einem Athener Krankenhaus weiter behandelt.

INFO

SPINALÓNGA ALS TAGESAUSFLUG

Wer nicht in Ágios Nikólaos wohnt oder mit Kindern unterwegs ist, die sich bei der Besichtigung archäologischer Stätten oft langweilen, kann Spinalónga auch als Tagesausflug besuchen, den man in den meisten Hotels und Reisebüros der Insel buchen kann. Wer in Ágios Nikólaos wohnt, kann die mehrstündigen Ausflüge aber auch direkt vor Ort beim Boot am Hafen von Ágios Nikólaos buchen. Die täglich um 10 und um 12.30 Uhr startenden Ausflugsdampfer passieren das unbewohnte Felsinselchen Agii Pándes, auf der noch kretische Wildziegen, *kri-kri*, leben, die versunkene Stadt Ólous und die Höhle, in der sich der bekannte türkische Pirat Barbarossa im 16. Jahrhundert versteckt haben soll. Außer dem 90-minütigen Besuch von Spinalónga gehört ein Badestopp in der Sandbucht von Kolokítha zum Programm. Bei dem sechsstündigen Ausflug wird am Strand ein Barbecue zubereitet.

WEITERE INFORMATIONEN

Überfahrt nach Spinalónga: von Pláka und Eloúnda im Sommer tgl. etwa alle 30 Min.,
Pláka: www.plakaboat.gr
Eloúnda: www.eloundaboat.gr
Ausflug von Ágios Nikólaos: www.nostoscruises.com

BEZAUBERND – LASSÍTHI-HOCHEBENE

Kretas bekannteste und größte Hochebene liegt auf rund 850 Höhenmetern zu Füßen des 2158 Meter hohen Díkti-Gebirges. Das von Bergen umschlossene, äußerst fruchtbare Lassíthi-Plateau besticht mit viel Ursprünglichkeit und herrlicher Natur. Um in die Welt der kretischen Landwirte einzutauchen, bleibt man am besten über Nacht. Touristenmagnet ist eine Höhle, in der Göttervater Zeus geboren worden sein soll.

Alte Postkartenansichten mit Tausenden segeltuchbespannten Windrädern locken im Sommer täglich unzählige Urlauber auf die Lassíthi-Hochebene. Doch obwohl die Windräder schon seit Langem durch Motorkraft ersetzt wurden, lohnt sich der Besuch des 25 Quadratkilometer großen Plateaus für Ruhesuchende, Wanderer, Naturfreunde und alle, die sich für das ursprünglich gebliebene Leben auf dem Land interessieren. Wichtig ist es im Hochsommer, vor allem für alle, die über Nacht bleiben wollen, eine Jacke im Gepäck zu haben. Ab dem Nachmittag ist der Temperaturunterschied deutlich spürbar. Die kühle frische Bergluft verspricht nachts jedoch einen angenehmen Schlaf.

Die Lassíthi-Hochebene erreicht man über Serpentinen von Iráklio oder von Ágios Nikólaos aus. Die kurvenreichere und

engere Strecke von Ágios Nikólaos führt durch Olivenhaine und viel Grün. Ein Halt lohnt auf dem Weg hinauf bei der Taverne Moutsoúnas kurz vor Zénia mit einer fantastischen Aussicht auf die Mirabello-Bucht. Im angeschlossenen Laden verkauft Manólis Farsáris alles, was das Herz begehrt: Von lokalem Honig, Olivenöl, über Kleidung aus China bis zu wenigen übrig gebliebenen Olivenholz-Löffeln, die sein Großvater bis ins Alter von 106 Jahren selbst geschnitzt hat. Wer sich von Iráklio auf den Weg hinauf macht, hat die Möglichkeit zwischen drei breiteren Asphaltstraßen von Chersónissos, Stalída oder Mália, die auf etwa 600 Metern Höhe bei Krási zusammentreffen. Krási lohnt einen Abstecher – sei es zu einem der Dorffeste *(panigíria)*, die dort im Sommer stattfinden, oder einfach nur, um die mächtigste Platane Kretas zu sehen.

Zwei Stopps vor der Hochebene

Die Straße führt von Krási weiter am idyllisch unter Zypressen und Mandelbäumen gelegenen Nonnenkloster Panagía i Kerá vorbei. In der über 700 Jahre alten Klosterkirche steht eine von Pilgern verehrte, reich geschmückte Marienikone, der heilende Kräfte zugeschrieben werden. Zusammen mit einem Teil einer grobgliedrigen Eisenkette und einer Marmorsäule auf dem Hof berichtet sie von einer Legende: Zweimal haben die Türken während ihrer Herrschaft die Ikone gestohlen und nach Konstantinopel, dem heutigen Istanbul, gebracht. Auf wundersame Weise schwebte sie nach Kreta zurück. Das zweite Mal ketteten die Türken die Ikone an eine Säule, doch die Ikone nahm Säule und Kette einfach auf ihrem Rückflug mit. Gläubige halten nicht nur die Ikone für wundertätig, auch die Kette wird verehrt. Pilger legen sich die Kette um, da sie vor Krankheiten schützen soll.

Dicht unter der Passhöhe Selí Ambélou können Interessierte nicht nur – wie auf einem Schild kurz vor dem privaten Homo-sapiens-Museum steht – Fotos für ihre sozialen Netzwerke machen, sondern auch etwas über die Menschheitsgeschichte erfahren. In langwieriger Eigenarbeit hat sich Gründer Giórgos Petrákis einen Traum verwirklicht und zeigt unter freiem Himmel eine Ausstellung zum Leben von der Steinzeit bis zur Erforschung des Weltraums. Das auch für Kinder interessante, eigenartige Museum zeugt davon, wie leidenschaftlich Kreter hinter den eigenen Ideen stehen.

← Die Serpentinen zur Lassíthi-Hochebene führen am Kloster Panagía i Kerá vorbei. Dahinter erhebt sich der markante Gipfel Karfí.

↗ Top-Ziel der Besucher ist die namhafte Geburtshöhle des Zeus: die imposante Tropfsteinhöhle Diktéon Ándron.

Dicht unter den Wolken

Die Passhöhe Selí Ambélou ist das »Tor« zur Lassíthi-Hochebene. Auf den Hügeln links und rechts der Straße begrüßen 26 steinerne Windmühlen die Besucher. Bis in die Nachkriegszeit dienten sie zum Mahlen von Weizen, Hafer und Gerste. Zwei Getreidemühlen wurden restauriert und können besichtigt werden. Mit etwas Glück sieht man außerdem die seltenste Greifvogelart Europas, denn zuweilen kreisen Bartgeier mit einer Flügelspannweite von fast drei Metern in eindrucksvoller Höhe. Mit den emporragenden Felswänden, den großen Höhenunterschieden, der ausgezeichneten Thermik und den Aufwinden ist der Gebirgszug ideal für die Vögel. Der Pass ist ferner einer der beliebtesten Aussichtspunkte der Lassíthi-Hochebene. Im Frühling erblickt man einen roten Teppich aus Mohnblumen, im Sommer die abgeernteten, geometrisch angelegten, ockerfarbenen Felder und im Winter viel Grün – alles umgeben von den schroffen Bergen.

Aufgrund des dicht unter dem Boden stehenden Grundwassers ist die Ebene sehr fruchtbar und wird von den Bewohnern seit Jahrhunderten für den Anbau von Kartoffeln, Tomaten, Gurken, Bohnen, Getreide, Nüssen, Äpfeln, Birnen, Feigen und weiterem Obst und Gemüse genutzt. Der Trend geht zu biologischem Anbau. Bis in die 1980er-Jahre pumpten die einst 20 000 mit Segeltüchern bespannten Windräder das

↑ Die Windmühlen dienen heute nur noch Dekorationszwecken.
→ Ziegen gehören hingegen noch zu vielen Haushalten und sind oft zu sehen.
↘ Frauen kleiden sich in den Dörfern noch traditionell dunkel und tragen Kopftuch.

Wasser auf die Äcker. Verstreut stehen auf dem Plateau heute nur noch etwa 70 Windräder, die hauptsächlich touristischen Zwecken dienen. Um das herrliche alte Landschaftsbild mit dem Meer aus weißen Windrädern wieder herzustellen, sucht die engagierte Gemeinde jetzt nach einem Weg für die Restauration und besonders nach einer Lösung für die Instandhaltung der Windräder. Das eigentlich Schwierige für die Bauern war nämlich das tägliche Auf- und Absteigen, um die Leinentücher morgens anzubringen und zum Schutz vor starken Winden abends wieder einzuholen.

Ursprünglichkeit erleben

Um die wichtigsten Sehenswürdigkeiten der Lassíthi-Hochebene zu sehen, reicht ein Tagesausflug eigentlich aus. Wer aber tiefer in den Alltag der Landwirte eintauchen möchte, sollte über Nacht bleiben. Die Ursprünglichkeit erlebt man am besten am Morgen und am Abend, wenn die meisten Touristen wieder abgereist sind. Städter kommen im August in ihre Heimatdörfer, wenn die Dorffeste zu Ehren der regionalen Produkte wie Zucchini oder Kartoffeln stattfinden. Außerdem ist die im Winter oft schneebedeckte Hochebene bei den Kretern besonders an Wochenenden der kalten Jahreszeit beliebt.

Die etwa 20 Kilometer lange Rundstraße, die fast alle der 18 Dörfer miteinander verbindet, sollten Urlauber verlassen, die mehr erleben möchten. Spaziergänge auf den Feldwegen versprechen Einblicke in die landwirtschaftlichen Tätigkeiten. Man trifft auf Ziegen und Schafe, in Dorfgassen auch auf gackernde Hühner und krähende Hähne. In den engen Gassen sitzen Dorffrauen auf Stühlen vor den Häusern, sprechen über ihren Alltag und schwelgen gerne in Erinnerungen – aus Zeiten, in denen auf der Lassíthi-Hochebene nicht nur 2400, sondern wie in den 1950er-Jahren etwa 7000 Menschen lebten. Ältere Männer sitzen hingegen, während der Pause von der mühsamen Landarbeit oder abends, im *kafenío*.

In den vielen urigen Kaffeehäusern reden sie über die Feldbestellung und natürlich über die aktuelle Politik.

Dörfer entlang der Rundstraße

Am besten hält man sich für die Rundtour der Hochebene vom Pass Selí Ambélou an der ersten Straßengabelung rechts. Nach etwa zwei Kilometern liegt rechts inmitten von hohen Zypressen und vielen Blumen das Kloster Vidianís aus dem 19. Jahrhundert. In der Kirche sind in Ikonen Einschusslöcher aus dem Zweiten Weltkrieg zu sehen.

Durch drei ruhige Dörfer geht es weiter zum wohl bekanntesten und wichtigsten Ziel der Hochebene. Bei den Keramikgeschäften am Ortsrand von Psychró zweigt rechts eine Stichstraße zur Höhle Diktéon Ándron ab, wo am kostenpflichtigen Parkplatz Eselsführer mit ihren Maultieren auf Kundschaft warten. Die auch gut zu Fuß erreichbare Díkti-Höhle ist die berühmteste Höhle Kretas und täglich Ziel von Hunderten Touristen. Göttervater Zeus soll dort geboren worden sein.

Der Legende nach hat ihn seine Mutter Rhea in die 80 Meter tiefe Höhle mit imposanten Stalagmiten und Stalaktiten gebracht, weil sie ihn vor seinem Vater Krónos schützen wollte, der zuvor schon die Geschwister des Jungen gefressen hatte. Aufgezogen wurde Zeus dort von der Ziege Amaltheía. In der Höhle, die eines der wichtigsten Heiligtümer der Minoer war, wurden Votivgaben und Altäre aus minoischer Zeit gefunden, die im britischen Ashmolean Museum in Oxford ausgestellt werden. Mehr Infos über die griechische Mythologie gibt es auf Höhe des Parkplatzes im recht neuen Greek Mythology Themenpark, der auch für Kinder interessant ist.

Entlang der Rundstraße geht es an kleinen Dörfern vorbei zum größten Ort Ágios Geórgios. Am südlichen Ortsrand können Interessierte einen Blick in das private Freilichtmuseum Lásinthos werfen, wo in eher unpassend in die Landschaft gebauten, rosafarbenen Häusern kretisches Kunsthandwerk präsentiert wird. Wie der Alltag der Dorfbewohner bis in die Nachkriegszeit war, zeigt das Folkloremuseum in Ágios Geórgios, das in einem alten Bauernhaus untergebracht ist. Dort ist zu sehen, dass die ganze Familie in einem einzigen Raum lebte, arbeitete und schlief. Angeschlossen ist ein klassizistisches Gebäude, in dem Webarbeiten

und kretische Trachten ausgestellt werden. Im Venizélos-Museum erinnern Fotos und Dokumente an den kretischen Staatsmann Elefthérios Venizélos (1864–1936).

Wandern in herrlicher Natur

Eine recht unbekannte Wanderung durch unberührte Natur führt vom nächsten Dorf Ágios Konstantínos in die etwa drei Kilometer lange, unerschlossene Havgá-Schlucht. Vor der Wanderung sollte man im Dorf fragen, ob die Begehung mit dem aktuellen Wasserstand gerade möglich ist. Auf dem leider recht schlecht ausgeschilderten Weg passiert man zunächst viele Gemüsefelder, ehe man zum Schluchteingang nahe einem Stausee gelangt. Den Eingang markiert ein von Hirten angebrachter Drahtzaun, den man nach Öffnen wieder verschließen muss. Die wilde Schlucht fasziniert mit bizarren Felsformationen entlang eines Bachlaufs mit grobem Geröll, wilden Pflanzen und Kräutern. Über zwei niedrige Felswände erreicht man den fotogenen kreisrunden Felsen, der schließlich den Weg versperrt und den Rückweg markiert. Hinter Ágios Konstantínos lohnt das idyllisch an einem Felsen gelegene, von den Mönchen mittlerweile gut gepflegte Kloster Kroustallénias einen Halt. Eine weitere Wanderung bietet sich vom Hauptort der Hochebene an. Tzermiádo erwartet Besucher mit einigen Souvenirläden und guten Tavernen wie der urigen »Géfsis Oropedíou« mit köstlichen *mezédes* oder der großen Kourítes, in der kretische Gerichte serviert werden. Eine schmale Asphaltstraße führt vom nördlichen Ortsrand zur kleinen, grünen und einsamen Níssimos-Hochebene hinauf. In einer guten halben Stunde kann man von dort über einen Pfad, der bei einer kleinen, weißen Kapelle beginnt, zu den einsamen überwucherten Ruinen von Karfí, einer Siedlung aus dem 2. Jahrtausend v. Chr., in 1150 Meter Höhe aufsteigen. Belohnt wird man mit einem grandiosen Ausblick hinunter zum Meer.

↑ Giórgos kocht im Vilaéti für seine Gäste typisch kretisch.
↖ Die ausgedehnten Felder auf der Lassíthi-Hochebene glänzen im Frühjahr in vielen Farben.
← Einzigartig ist der kreisrunde Felsen, der Ziel der wenigen Wanderer der wilden und recht unentdeckten Havgá-Schlucht ist.

INFO

IM DORF ESSEN UND WOHNEN

Richtig gut kretisch essen und gemütlich unter Einheimischen wohnen ist auf der Lassíthi-Hochebene kein Problem. In historischen Häusern hat Alíki Dialiná im kleinen Dorf Ágios Konstantínos ein Refugium geschaffen. Abgeschirmt vom touristischen Trubel können Urlauber in den liebevoll eingerichteten Steinhäusern Vasilikáta in ursprünglicher Atmosphäre übernachten, an Kochkursen teilnehmen und die Familienfarm besuchen. Die Häuser mit offenem Kamin und Platz für bis zu sieben Personen verteilen sich im Dorf – eines hat sogar Jacuzzi und Bergblick. Im Restaurant Vilaéti gleich um die Ecke kocht Giórgos Vidális traditionelle Leckereien aus regionalen Zutaten, leckere vegetarische Gerichte aus vielen Bio-Produkten und köstliches Fleisch. Man kann auch einfach einen aromatischen Bergtee genießen.

WEITERE INFORMATIONEN

Vasilikata: www.vasilikata.gr
Vilaeti: www.vilaeti.gr
Díkti-Höhle: Sommer tgl. 8–20 Uhr, Winter 8.30–15.30 Uhr

17

STADTNAHES BERGDORF MIT BYZANTINISCHEM SCHMUCKSTÜCK

EIN LEBENDIGES DORF – KRITSÁ

Das Bergdorf Kritsá am Fuß des Díkti-Gebirges begeistert Besucher nicht nur mit typischer Architektur, sondern auch mit einer bekannten und bedeutenden Sehenswürdigkeit: der byzantinischen Kirche Panagía i Kerá. Sehenswertes aus der Antike wie die dorische Stadt Lató sowie mehr Ursprünglichkeit im Nachbardorf Kroustás und auf der Katharó-Hochebene kann man in der nahen Umgebung entdecken.

Die Nähe des Bergdorfs zu Ágios Nikólaos macht Kritsá zum beliebten Ausflugsziel. Wegen seiner Architektur und der Lage am Ausgang einer Schlucht wurde es 1956 als Kulisse für den Film *Der Mann, der sterben muss* von Jules Dassin nach dem Roman *Griechische Passion* des kretischen Schriftstellers Níkos Kazantzákis ausgewählt. Kein Wunder, dass man sich in dem lebendigen Örtchen mit der erhaltenen dörflichen Atmosphäre ganz auf den Tourismus eingestellt hat. Ein großer Parkplatz bietet Platz für viele Autos und Busse, und in Souvenirläden werden Häkel-, Web- und Strickarbeiten angeboten. Im privaten Naturkundemuseum Rodánthi und im liebevoll gestalteten Folkloremuseum Kritsotopoúlas erfahren Besucher viel über heimische Kräuter und die kretische Kultur. Lohnenswert ist auch ein Blick in das Geschäft der Frauenkooperative von Kritsá am Parkplatz. Dort kann man den Dorffrauen über die Schulter schauen und ihre selbst gemachten Produkte wie kretisches Gebäck oder traditionelle Nudeln kaufen. In den verwinkelten Gassen abseits der Hauptstraße bekommen Interessierte einen guten Eindruck von der traditionellen Architektur. Außerdem steht am Ortsrand von Kritsá eine der bedeutendsten und schönsten Kirchen Kretas.

↑ Im Nachbardorf Kroústas lebt man noch fernab des Tourismus.
← Am Nachmittag wird es in Kritsá herrlich ruhig.

Byzantinisches Schmuckstück

Auf den ersten Blick wirkt die byzantinische Kirche Panagía i Kerá aus dem 13. und 14. Jahrhundert zwischen Mandelbäumen und Zypressen recht unscheinbar. Die von sechs Verstrebungen gestützte Marienkirche birgt in ihrem Inneren bemerkenswerte Fresken. Im Mittelschiff der dreischiffigen Kirche sieht man die ältesten, streng byzantinischen Malereien, die recht dunkle und unbewegliche Motive zeigen. Ungewöhnlich ist die Abbildung in der Mittelkuppel: Dort werden anstelle von Christus als Pantokrator die vier großen Feste der orthodoxen Kirche gezeigt: Taufe, Tempelgang, Palmsonntag und die Auferweckung des Lazarus. Bewegter und heller sind die Fresken in den Außenschiffen im Stil der »kretischen Schule«, die von der italienischen Renaissance beeinflusst sind. An der Gewölbedecke des Südschiffs erzählen zwölf Szenen aus dem Leben der heiligen Anna, Joachims und der Jungfrau Maria. Das Nordschiff zeigt Paradiesszenen und die Stifterfamilie. Als Mahnung an die Gläubigen sind am Ausgang an der Westwand die Höllenqualen abgebildet.

Interessantes rund um Kritsá

Nördlich von Kritsá kann man auf einem Bergsattel mit eindrucksvoller Aussicht auf Ágios Nikólaos die Überreste der dorischen Stadt Lató besichtigen. Von der Stadt, die im 8. Jahrhundert v. Chr. von dorischen Einwanderern gegründet wurde, wurden in einsamer Berglage rund um einen Marktplatz, *agorá*, viele Fundamentreste freigelegt. Man sieht eine große Zisterne, ein kleines Theater, Grundmauern eines der Göttin Lató geweihten Tempels, zahlreiche kleine Werkstätten und Wohnhäuser sowie die Überreste der Stadtmauer mit zwei Wachtürmen. Lató erlebte seine Glanzzeit in hellenistischer Zeit, also im 5. bis 3. Jahrhundert v. Chr. Möchte man lieber etwas Zeit in unberührter Natur verbringen, kann man von Kritsá zur nur im Sommer bewohnten, versteckt liegenden Katharó-Hochebene fahren. Eine 16 Kilometer lange Serpentinenstrecke führt auf die ruhige Hochebene in 1200 Metern Höhe an den Hängen des Díkti-Gebirges. Auf dem Plateau, das als Anbaugebiet für Getreide, Obst und Gemüse dient, sieht man vereinzelte Steinhütten von Hirten und Häuser, in die sich die Bewohner von Kritsá an heißen Sommertagen zurückziehen. Auf der Hochebene gibt es keine Stromleitung, dennoch sorgen drei Tavernen für das leibliche Wohl der Besucher.

INFO

URIGES KLEINES DÖRFCHEN

Kroústas, das Nachbardörfchen von Kritsá, lockt mit ein paar traditionellen Tavernen vor allem zum Essen unter Kretern. Der kleine, vier Kilometer südöstlich von Kritsá liegende Ort mit seinen flachen Häusern und vielen Maulbeerbäumen an der Hauptstraße ist vom Tourismus noch gänzlich unberührt. Noch genießt man dort die Ruhe, denn die Tavernen werden vorwiegend von Städtern aus Ágios Nikólaos und nur von wenigen Touristen besucht. Auch Souvenirläden gibt es in Kroústas nicht. Die Einheimischen sitzen in Grüppchen – meist noch traditionell nach Männern und Frauen getrennt – vor ihren Häusern an der Hauptstraße und reden über Gott und die Welt. An den Wochenenden wird es durch die zu Besuch kommenden Kreter etwas voller. Sie treffen sich meist in der einfachen Taverne O Kroustas und laben sich an Fleisch- und regionalen Spezialitäten wie etwa den in Fleischbrühe gekochten Nudeln Skioufichtá mit dem Hartkäse Anthótiro.

WEITERE INFORMATIONEN

Kirche Panagía i Kerá & Lato:
April–Okt. Mi–Mo 8.30–15.30 Uhr

→ Ein starker Kontrast zur byzantinischen Kirche Panagía i Kerá ist die moderne Hauptkirche am Dorfplatz von Kritsá.
↑ Zwischen den Gipfeln des Díkti-Gebirges breiten sich weitgehend geometrisch angelegte Felder aus.
← Mit bunten Booten steuern Urlauber im Sommer tagtäglich Spinalónga an.
↓ Im kleinen *kafenío* Kapilió in Monastiráki, macht man es sich richtig gemütlich.

RUINEN EINER MINOISCHEN KLEINSTADT – GOURNIÁ

Nahe Kretas Wespentaille, wo zwischen Nord- und Südküste viele kleine und ursprünglich gebliebene Dörfchen ruhen, liegen einsam auf einem niedrigen Hügel nah am Meer die Ausgrabungen des minoischen Gourniá. Die Überreste der einstigen »Kleinstadt« der Minoer findet man romantisch von Olivenhainen umgeben. Sie vermitteln einen guten Eindruck von der Stadtstruktur der damaligen Zeit.

Die gut erhaltene minoische Stadt Gourniá ist besonders wichtig für die Erforschung der ersten Hochkultur Europas. Gourniá zeugt vom üblichen Alltag der Minoer. Sie hatten den Standort ihrer Siedlung gut gewählt. Zwischen den bis zu einen Meter hohen, erhaltenen Mauern können sich Interessierte einen guten Überblick über die jahrtausendealte Anordnung einer minoischen Kleinstadt verschaffen. Die Ausgrabungen der Stadt, deren ursprünglicher Name nicht bekannt ist, befinden sich nahe der Nationalstraße und dem Küstenort Pachiá Ámmos im Olivenhain. Ihre heutige Bezeichnung hat sie den Funden sehr vieler Wassertränken (*goúrna*) zu verdanken. Ausgegraben wurden die zahlreichen kleinen Häuser und die sogenannte »minoische Villa«, das größte Haus der Siedlung, zwischen 1901 und 1904 von einer Frau: Harriet Boyd Hawes – recht ungewöhnlich für die damalige Zeit. Die Freilegung der als »Pompeji des minoischen Kreta« bezeichneten Siedlung mit den gepflasterten Gassen brachte somit nicht nur wichtiges

⇙ Einen guten Überblick über Gourniá hat man vom nahen Parkplatz an der Nationalstraße.

Wissen über das Leben der Minoer ans Licht, sondern bedeutete für die Archäologin auch den Durchbruch in der damals von Männern dominierten Welt der Archäologen.

In den Gassen der Minoer

Bronzenes Werkzeug wie Meißel und Hämmer bezeugen, dass viele Menschen in Gourniá vom Handwerk, insbesondere von der Töpferei, lebten. Außerdem beschäftigten sie sich mit der Landwirtschaft, der Viehzucht und der Fischerei, wie gefundene Angelhaken beweisen. Die Ausgrabungen haben außerdem viele andere Funde wie Töpferarbeiten zutage gebracht. Der Standort der Siedlung an der engsten Stelle Kretas war äußerst geschickt gewählt. Mit rund 15 Kilometern Luftlinie zwischen Nord- und Südküste konnten die Minoer ihre Handelsgüter gut auf dem Landweg in den Süden bringen. Die heute sichtbaren Hausruinen von Gourniá wurden um 1600 v. Chr. auf Bruchsteinfundamenten erbaut. Frühere Siedlungen gab es an dieser Stelle jedoch bereits seit etwa 2700 v. Chr. Wie die minoischen Palastzentren wurde Gourniá um 1450 v. Chr. wieder zerstört. Obwohl aus den folgenden Jahrhunderten nur äußerst wenige Spuren gefunden wurden, weiß man, dass Gourniá 1200 v. Chr. verlassen wurde.

Enge gepflasterte Gassen führen entlang der Grundmauern der Wohn- und der Werkstattviertel zur höchsten Stelle der Siedlung. Die maximal fünf mal fünf großen Häuschen, deren Obergeschosse wohl durch Holztreppen erreichbar waren, teilten sich oft die Außenmauern und waren über Durchgänge miteinander verbunden. Von den Häusern, die alle an ein Wassersystem angeschlossen waren, sind nur noch die Bruchsteinmauern der Erdgeschosse erhalten, in denen Lagerräume und Werkstätten untergebracht waren. Die Obergeschosse, die als Wohnräume dienten, bestanden aus rohem Backstein, die Dächer aus Lehm und Ästen.

Auf der Spitze der Siedlung

Die »minoische Villa«, also das größte Gebäude der Siedlung, stand an höchster Stelle des recht flachen Hügelplateaus gegenüber dem heutigen Eingang. Dort sind auf dem großen Platz, der wohl auch die *agorá* der Siedlung war, die Grundmauern des einstigen Statthaltersitzes oder eines Herrenhauses zu erkennen. Obwohl die inneren Mauern der Villa nicht mehr gut erhalten sind, konnte man auf große Räume schließen. Die Wohn- und Schlafgemächer lagen im Obergeschoss, im Erdgeschoss fand man die Lagerräume. Anhand der großen Schautreppe und gefundener Opfersteine auf dem Platz lässt sich dem Gebäude eine kultische Funktion zusprechen. Nördlich der »minoischen Villa« gelangt man über drei Stufen zu einer heiligen Stätte mit einem Altar. Dort fand man diverse Opfergaben und Votive.

INFO

ABSEITS VOM TRUBEL

Nur wenige Kreta-Urlauber, die in der Gegend zwischen Ágios Nikólaos und Ierápetra unterwegs sind, besuchen die kleinen, vom Tourismus unberührten Dörfer an der Strecke zwischen Nord- und Südküste. Kommt man von Norden her, lohnt zunächst ein Halt im kleinen Dörfchen Monastiráki. Das traditionelle Dorf vor der markanten, dunklen Spalte der nicht zugänglichen Cha-Schlucht verspricht eine herrliche Aussicht auf die Mirabello-Bucht. Das urige *kafenío* Kapilió lockt mit *mezédes*, und in den drei traditionellen Gästehäusern Monastiraki kann man abseits des Trubels übernachten. Archäologie-Fans können auf dem Weg gen Süden zum Dörfchen Vassilikí abzweigen. Von der Zufahrtstraße läuft man durch einen Olivenhain zur beschaulich gelegenen, sporadisch geöffneten Ausgrabung einer altminoischen Siedlung aus dem 3. Jahrtausend v. Chr. Weiter südlich lohnt bei der Durchgangsstraße des Dörfchens Episkopí die hübsche kleine Doppelkirche Ágios Geórgios und Ágios Charálambos einen Blick.

WEITERE INFORMATIONEN

Gästehäuser Monastiraki:
www.monastirakivillage.gr

19

DIE EINZIGE STADT AN KRETAS SÜDKÜSTE

EIN HAUCH VON AFRIKA – IERÁPETRA

Wüstenähnliche Temperaturen, zahlreiche Landwirte und ihre Gewächshäuser, Cafés und Tavernen am Meer und der ganz normale kretische Alltag bestimmen das Bild der kleinen Stadt Ierápetra und ihrer Umgebung. Europas südlichste Stadt lockt vor allem mit dem einheimischen Leben und den milden Temperaturen und liegt nur 200 Seemeilen von der afrikanischen Küste entfernt.

Ierápetra ist ideal für Sonnenhungrige. In Kretas einziger Südküstenstadt scheint die Sonne an über 300 Tagen im Jahr. Kein Wunder, dass zahlreiche Auswanderer aus Mittel- und Nordeuropa in der kleinen Stadt nicht nur ihren Sommerurlaub verbringen, sondern auch überwintern. Das vorteilhafte Klima, das auch im Winter milde Temperaturen verspricht, der fruchtbare Boden und der riesige Stausee Bramianá bieten allerdings auch besonders gute Bedingungen für den Anbau von Frühgemüse. Die einheimischen Bauern gehören mit ihren Gewächshäusern, die über 1300 Hektar umfassen, landesweit zu den wichtigsten Lieferanten von Frühgemüse. Seit Mitte der 1960er-Jahre wird das Gemüse rund um Ierápetra in Gewächshäusern angebaut. Die ersten Treibhäuser aus Holzgerüsten und Nylon entstanden mit Unterstützung des Niederländers Paul Kuijpers im Jahr 1966. Den Erfolg, den die Bauern mit seiner Hilfe erreichten, erlebte der Niederländer, der 1971 bei einem Autounfall starb, allerdings nicht mehr. Im westlich liegenden Dorf Gra Ligiá errichteten die Landwirte Kuijpers ein Denkmal. Sie haben ihm schließlich das höchste Durchschnittseinkommen Kretas zu verdanken. Angesichts dessen ist nachvollziehbar, dass sich die Einwohner Ierápetras mehr mit der Landwirtschaft, also mit dem lukrativeren und ganzjährigen Erwerbszweig, beschäftigen als mit dem Tourismus, wie sonst auf der Insel üblich.
In Ierápetra, das hauptsächlich von neueren Häusern geprägt wird, genießen Urlauber recht gemächliche Urlaubstage abseits des Massentourismus. Man verbringt den Tag beispielsweise zwischen Einheimischen am Ortsstrand und trifft sich am Abend in den sich an der langen Uferpromenade aneinanderreihenden Lokalen, Cafés und *rakádika*. Besonders an Sommerabenden ist die Promenade voll von einheimischen Familien, die bei einem Ráki oder einem Bier und einfachen, aber leckeren *mezédes* den Tag ausklingen lassen. Lohnenswert ist jedoch auch ein Ausflug in die urigen *kafenía*, die in den stillen Dörfern landeinwärts auf Besucher warten.

Ideale Lage an der engsten Stelle der Insel

Die vorteilhafte Lage von Ierápetra an der schmalsten Stelle Kretas wusste man bereits in der Antike zu schätzen. Die zu Zeiten der Dorer Hierápytna genannte Hafenstadt war wichtig für den Handel zwischen dem griechischen Festland, Nordafrika und dem Nahen Osten. Gemeinsam mit der Stadt Ítanos im äußersten Nordosten der Insel kontrollierte Ierápetra in der Antike den Osten Kretas. Von der damaligen Stadt ist im Stadtgebiet heute jedoch nichts mehr zu sehen. Einzig das im 13. Jahrhundert von den Genuesen angelegte kleine Kastell am Hafen ist noch erhalten. Die unter den Venezianern im 14. Jahrhundert erstmals erwähnte Festung und somit die ganze Stadt verlor unter osmanischer Herrschaft an Bedeutung. Durch den wichtiger werdenden Handel mit Mitteleuropa gewannen auch die Häfen an der Nordküste immer mehr an Bedeutung.

Ein bisschen orientalisches Flair

Der ursprünglichste Teil Ierápetras ist das einstige türkische Viertel der Altstadt, das sich nördlich des Hafens befindet. Obwohl auch dort neue, aber kleine Wohnhäuser gebaut wurden, vermitteln die engen, labyrinthartigen Gassen weiterhin Altstadt- und Orient-Flair. Immer wieder kann man von den Gassen einen Blick zum Meer erhaschen. Die Meeresbrise sorgt an Sommertagen für ein wenig Abkühlung. Wer den Spaziergang am Hafen beginnt, wo Fischer noch ihre Netze flicken, kann vor dem Bummel durch die Gassen der Altstadt einen Blick in die kleine, venezianische Festung Kalés werfen. Die nach der türkischen Eroberung im Jahr 1647 weiterhin genutzte Festung wurde mehrfach umgebaut. Obwohl es im Inneren kaum etwas zu sehen gibt, lohnt sie einen Besuch. Vom nordöstlichen Turm hat man einen herrlichen Blick auf die Stadt und natürlich auch gen Süden aufs Meer und die vorgelagerte Insel Chrissí. Schräg gegenüber der Festung steht die sehenswerte Doppelkirche Aféntis Christós. Das Gotteshaus aus dem 14. Jahrhundert gehört zu den während venezianischer Zeit üblichen Doppelkirchen, bei denen in einem Teil griechisch-orthodoxe und im anderen römisch-katholische Gottesdienste stattfanden.

⇖ Reizvoll ist das Landschaftsbild im Hinterland von Ierápetra.
⇗ Der Strand mitten in der Stadt ist bei Touristen wie bei Einheimischen sehr beliebt.

Folgt man vom Hafen der landeinwärts verlaufenden Odós Makrí, steht man vor einem interessanten, die Stadt prägenden Monument: der von den Osmanen erbauten Moschee. Das Gotteshaus hat ein auffällig schmales Minarett und wird mittlerweile für Proben des Gemeindechors genutzt. Der friedvolle Hof mit dem hübschen Reinigungsbrunnen und ein paar Palmen ist ideal für eine kurze Rast.
Durch die Gassen der Altstadt und wieder an der Festung vorbei kommt man über die Uferstraße zum sogenannten Napoleon's House. Das unscheinbare zweistöckige Haus, in dem einst der französische Staatsmann Napoleon Bonaparte (1769–1821) übernachtet haben soll, ist heute unbewohnt. Ein kretischer Notar soll dort Napoleon während seines Beutezugs nach Ägypten seine Gastfreundschaft angeboten haben. Da das Haus vom archäologischen Dienst genutzt wird, ist leider keine Innenbesichtigung möglich. Auffällig ist die nur 1,75 Meter hohe Tür.

↑ Ierápetra begeistert mit dem unberührten Hinterland
→ Für orientalisches Flair sorgt in der Stadt besonders die von den Osmanen erbaute Moschee an einem schönen Platz.

Kleine Archäologische Sammlung

An den Tavernen und Cafés der Promenade entlang erreicht man die Platía Kanoupáki mit der Archäologischen Sammlung von Ierápetra. Das längliche Gebäude, das in den letzten beiden Jahren restauriert wurde, wurde einst als Koranschule für die muslimische Bevölkerung erbaut. Interessant ist, dass sie erst nach der Befreiung von den Türken 1899 errichtet wurde. Als Archäologische Sammlung zeigt es mittlerweile Ausstellungsstücke aus minoischer Zeit bis in die Klassik wie Töpferscheiben, Keramikobjekte, Inschriftentafeln, eine Gussform für Doppeläxte und Statuen. Eins der interessantesten Stücke ist ein spätminoischer Tonsarkophag mit typischen Motiven jener Zeit. Die Motive und Szenen, die den Sarkophag zieren, zeigen von Hunden gejagte Wildziegen, eine Kuh, die ein Kalb säugt, Pflanzen und Tintenfische. Das Highlight des Museums ist die Statue der Göttin Persephone aus dem 2. Jahrhundert. Persephone, Göttin der Toten und der Fruchtbarkeit, war die Tochter von Göttervater Zeus und Demeter, der Göttin der Jahreszeiten und der Fruchtbarkeit der Erde. Die etwa 1,50 Meter hohe Marmorstatue hält in der linken Hand ein Ährenbündel und trägt auf dem Kopf einen von zwei Schlangen umgebenen Altar, der ihre Verbindung zur Unterwelt präsentiert.

INFO

GEMÜTLICH IN DER STADT

Spätestens, wenn man den Innenhof des charmanten Stadthotels von Mános Dermitzákis betritt, scheinen die ausdruckslosen Neubauten der Umgebung vergessen. Im Hotel Cretan Villa, einem restaurierten Stadthaus aus dem 18. Jahrhundert, fühlt man sich gleich wie zu Hause. Neun traditionelle, einfach eingerichtete Zimmer umgeben den gemütlichen Innenhof, in dem sich Mános gerne mit seinen Gästen unterhält und Tipps gibt. Für alle, die es gerne etwas geräumiger haben, vermietet der engagierte und temperamentvolle Mános seit 2013 auch zwei große Apartments in einem 200 Jahre alten Haus um die Ecke. Die Arólithos-Apartments sind ideal für Selbstverpfleger und entzücken mit Einrichtung im kretischen Stil.

WEITERE INFORMATIONEN

Ierápetra: www.ierapetra.gr
Hotel Cretan Villa: www.cretan-villa.com
Apartments Arólithos: www.ierapetra-apartments.net

Chrissí ist zwar offiziell unbewohnt und steht unter Naturschutz, doch ist man auf der Insel nie einsam. Im Sommer suchen hier ein paar Urlauber nach dem Traumstrand, aber auch Fischer und Aussteiger genießen ein paar Tage ohne Pflichten und Regeln.

20

UNBEWOHNTES EILAND MIT TRAUMSTRAND

ROBINSONADEN – INSEL CHRISSÍ

Kristallklares Wasser, weitgehend unberührte Natur sowie vielfältige Strände und Badestellen für jeden Geschmack locken im Sommer täglich Hunderte Besucher zum Tagesausflug auf die kleine Insel. Das unbewohnte Chrissí liegt nur 15 Kilometer südlich von Ierápetra im Libyschen Meer.

Täglich wird die fünf Kilometer lange Insel von Ausflugsbooten und Motorjachten angefahren. Das von Kretern auch Gaidouronissi (»Eselinsel«) genannte Eiland, auf dem es nur eine kleine Kantine gibt, ist mit seinem berühmten Feinsandstrand beliebtes Ziel für Sonnenhungrige und Badeurlauber. Aber auch für Naturfreunde bieten sich auf der Insel, auf der der großfruchtige echte Stechwacholder wächst, faszinierende Szenerien. An der Nordküste bestehen viele Küstenabschnitte ausschließlich aus unzähligen winzigen Muscheln. An anderen Stellen des Eilands kann man versteinerte Muscheln und Fossilien entdecken.

Robinsonaden mit Sonnengarantie

Urlauber können im Rahmen von Tagesausflügen nach Chrissí übersetzen. Passagierschiffe und die Motorjacht »Nautilos« fahren im Sommer täglich zum winzigen Anleger Vougioú Máti auf der Südseite und liefern die Besucher dort ab. Nach der Ankunft kann man entweder am kleinen Sandstrand neben dem Anleger ins kühle Nass springen oder den Massen an den Hauptstrand Golden Beach mit Sonnenschirmen und Liegen im Norden folgen. Der Weg zum endlos wirkenden Sandstrand führt durch Dünen, die vom Wurzelgeflecht des echten Stechwacholders durchzogen sind. Wer auf Entdeckungstour geht, folgt dem etwa zehn Kilometer langen, sonnenreichen Inselrundweg. Wasser und Sonnenschutz sind ein Muss.

www.cretandailycruises.com
www.nautiloscruises.gr

Kleine Hotels und Apartmentanlagen laden zwischen hellen Häusern mit farbenfroh gestrichenen Fensterläden und Türen zu gemütlichen Ferien ein. Bougainvilleen, Geranien und viele andere bunte Blumen prägen das Straßenbild.

21

GEMÜTLICHES ZIEL FÜR INDIVIDUALREISENDE

CHARMANTES FERIENÖRTCHEN – MÍRTOS

Mírtos ist im Vergleich zu anderen Orten am Küstenabschnitt westlich von Ierápetra touristisch recht gut entwickelt, hat sich aber seine zauberhafte Atmosphäre bewahrt. Im einstigen Hippie-Dörfchen mit den weißen Häusern und blumenreichen Straßen genießt man vor allem entspannte Tage am Strand.

Seit Jahren hat Mírtos zahlreiche Stammgäste aus Mitteleuropa. In den Gassen und an der autofreien, etwa 300 Meter langen Promenade oberhalb des einen Kilometer langen Kies-Sand-Strands verbringen Einheimische und Urlauber ihre Zeit in Tavernen und Cafés. Aktive lockt das Freizeitangebot, das einige Bewohner privat organisieren: Wanderungen, Ausflüge zu Ausgrabungen oder Buchten sowie Radtouren.

Altertümliche Überreste

Archäologisch Interessierte können in der Umgebung Ruinen uralter Bauten entdecken. Hinter dem letzten Haus am westlichen Ortsende sieht man Überreste römischer Thermen. Östlich von Mírtos locken die überwucherten Hinterlassenschaften der Minoer. Wer an der Straße Richtung Ierápetra dem Schild »Pyrgos Myrtos Minoan Settlement« folgt, erreicht über einen kleinen Pfad die Reste einer minoischen Siedlung, die bis 1450 v. Chr. bewohnt war. Erhalten sind unter anderem die Grundmauern einer sogenannten »minoischen Villa«, dem größten Haus der Siedlung. Am Grundriss erkennt man ihre Funktion: Sie diente als Lagerstelle für Güter, die zu den großen Palastzentren der Minoer gebracht wurden. Über den Eingang gelangt man sowohl in den Wohnbereich als auch direkt in die Vorratsräume. Eine weitere Siedlung aus dem 3. Jahrtausend v. Chr. liegt weiter östlich. Zur Ausgrabung Myrtos Fournou Koryfi Minoan Settlement führt jedoch nur ein dorniger Pfad.
www.mirtoscrete.gr

GRÜNER SÜDEN – ÁNO VIÁNNOS UND KÁTO SÍMI

Áno Viánnos, das mit den kleineren Dörfern der Umgebung eine tragische Geschichte teilt, liegt am Südhang des Díkti-Gebirges und lohnt vor allem wegen der gemütlichen *kafenía* einen Halt. Das winzige Káto Sími in der Nähe liegt in einem erfrischenden Bachtal und ist besonders an heißen Tagen einen Besuch wert. An der Küste unterhalb werden Einsamkeit suchende Strandfreunde fündig.

Das große Dorf Áno Viánnos in 560 Metern Höhe lohnt den Abstecher, wenn man auf der landschaftlich interessanten Strecke im Süden von Ierápetra nach Iráklio fährt. Der Wasserreichtum und die warmen Temperaturen der Region bieten ideale Voraussetzungen für die Landwirtschaft. Bekannt ist Áno Viánnos auch für die seltene Kultivierung des ursprünglich wild in den Bergen wachsenden Díktamos. Die endemische Pflanze, die bereits in der Antike als Heilmittel diente, ist Kretas bekanntestes Heilkraut und wird als Tee zur Beruhigung und Wundheilung, bei Verdauungsproblemen, Allergien und Halsschmerzen getrunken. Die Kreter nennen es *érontas*, in ihrem Dialekt das Wort für Liebe. Bis ins letzte Jahrhundert suchten junge Männer an steilen Felswänden nach dem Kraut, um ihrer Angebeteten einen besonderen Liebesbeweis zu erbringen. Heute wird der beruhigende Díktamos getrocknet in Läden für regionale Produkte verkauft.

Ein Bummel durch Áno Viánnos

Einige Hausruinen in Áno Viánnos sind auf ein Massaker von 1943 zurückzuführen, an das zahlreiche Denkmäler in

↑ Die abgelegenen, beschaulichen Örtchen an der Südküste laden zu stillen Bademomenten ein.
↙ Die Landschaft rund um Káto Sími zeigt sich außerordentlich grün und von Fremden weitgehend unentdeckt.

der Umgebung erinnern. Um einen Partisanenüberfall zu rächen, bei dem zwölf deutsche Soldaten getötet wurden, ermordeten die Wehrmachtssoldaten zwei Tage später über 400 Einwohner aus Áno Viánnos und den Dörfern der Region. Beim »Massaker von Áno Viánnos« zerstörten die Soldaten die drei Dörfer Káto Sími, Áno Sími und Péfkos. Ein besonders markantes Denkmal fällt an der Straße zwischen Áno Viánnos und Amirás auf. Im Ortskern kann man einen Blick in die moderne, dem Erzengel Michael geweihte Dorfkirche an der Hauptstraße werfen. Etwas weiter östlich ist es bei einer riesigen Platane sowohl tagsüber als auch am Abend richtig gemütlich. Im Schatten des großen Baums laden drei *kafenía* zur Rast ein. Oberhalb sieht man eine alte Wassermühle. Rechts der Platane wurde in einem einst als Stall erbauten Gebäude, das später als Schule genutzt wurde, ein Folkloremuseum eingerichtet. Und von der Hauptstraße zwischen Dorfkirche und Platane weisen Schilder den Weg hinauf zur Kirche Agia Pelagía aus dem 14. Jahrhundert.

Wasserreich und grün: Káto Sími

Das Waldgebiet rund um Káto Sími lässt einen staunen. Anders als von vielen erwartet, trifft man dort nicht auf karge Landschaft, sondern auch im Sommer auf erfrischendes, üppiges Grün. An den steilen Hängen wachsen Kirschen, Birnen, Walnüsse und Aprikosen sowie andere Pflanzen- und Baumarten wie Kiefern, Eichen und Zedern sowie kretische Orchideen. Im Frühjahr und Sommer liegt der Duft von wild wachsenden Kräutern wie Salbei, Thymian und dem heimischen Díktamos in der Luft. Obwohl Sími, wie die Kreter das Dorf kurz nennen, gerade mal 107 Einwohner zählt, ist es wegen der zwei guten Grill-Tavernen und der agrotouristischen Anlage Ákros Oréon bei vielen Kretern bekannt und gilt vor allem im Winter als beliebtes Ausflugsziel.
Von der tragischen Geschichte Símis und der anderen Dörfer der Gemeinde Áno Viánnos berichtet vor dem südlichen Ortsrand ein Denkmal mit einem kretischen Partisanen. Auch im oberhalb von Káto Sími liegenden Áno Sími wird man an das Massaker erinnert. Es wurde seit seiner Zerstörung 1943 nicht mehr bewohnt und zeigt sich mit den Hausruinen recht bedrückend.
Ältere Zeugnisse der Besiedlung findet man, wenn man die kurvenreiche Straße durch den Kiefernwald weiter das Díkti-Gebirge hinauffährt, kurz bevor die Straße in eine Piste übergeht. Dort weist ein Schild zu der eingezäunten Ausgrabung eines antiken Heiligtums für Hermes und Aphrodite. Von den spärlichen Grundmauern des über 2500 Jahre lang (frühminoische bis römische Zeit) genutzten Wallfahrtsziels öffnet sich eine herrliche Aussicht auf die Gegend.

INFO

DURCHS GEISTERDORF ANS MEER

Von der Hauptstraße unterhalb von Sími können Entdecker und Freunde einsamer Strände an die Küste fahren. Auch lohnt der Halt im »Geisterdorf« Kalámi. Schaut man in eines der offen stehenden, muffig riechenden Häuser, in denen es aussieht, als ob man über Nacht geflohen ist und einfach alles stehen und liegen gelassen hat, wird es schnell unheimlich. Plötzlich auftauchende, herumstreunende Katzen machen die Grusel-Atmosphäre perfekt. Das Dorf mit den alltäglichen Hinterlassenschaften seiner einstigen Bewohner wird heute zwar wieder von wenigen Familien bewohnt, erlebte in den 1960er- und 1970er-Jahren jedoch zwei große Auswanderungswellen. Die Bewohner zogen nach Psarí Foráda und Sidonía an die Küste. In Sidonía lädt ein langer, meist einsamer Grobsand-Kies-Strand zum Baden ein.

WEITERE INFORMATIONEN

Ákros Oréon (Káto Sími):
www.akrosoreon-crete.gr

Ruhige Strände wie Koútsouras an der Südküste sind ideal für Individualtouristen.

ABSEITS DES TRUBELS

Sitía und der liebliche Osten

KRETAS LIEBLICHE SEITE ENTDECKEN

ROUTE DURCH DEN ÄUSSERSTEN OSTEN

Ohne zu langweilen, zeugt Kreta rund um die Kleinstadt Sitía von einem stillen ländlichen Reiz. Der abgelegene Inselosten erwartet Besucher mit sanfter Hügellandschaft, wunderschönen Stränden, tollen Orten zum Wandern, idyllischen Fischerorten, uralten Klöstern und einigen hübschen Flecken Erde mehr.

Kretas äußerster Osten lässt sich am besten von 23 **Sitía** aus entdecken. In der gemütlichen Kleinstadt, in der sogar im Hochsommer oft mehr Einheimische als Touristen unterwegs sind, kommt eine ordentliche Ladung griechisches Lebensgefühl auf. Schnell verführt das entspannte Flair zum Entschleunigen. Tagsüber verweilen die Einheimischen hier am langen Stadtstrand, abends in den gemütlichen *rakádika*. Auf Ausflugsbusse voller Menschen trifft man erst wieder östlich der Stadt. Sowohl das sehenswerte 25 **Kloster Toploú** als auch der berühmte Palmenstrand von 26 **Vái** werden tagtäglich von Hunderten Urlaubern aus ganz Kreta angesteuert.

Daher sollten Individualurlauber aus Sitía kommend diese Ziele nicht zur Rushhour besuchen. Morgens geht es, immer wieder mit Meerblick, daher zunächst zum geschichtsträchtigen Kloster Toploú. Trotz abgelegener Lage ist es eins der am meisten besuchten Klöster der Insel. Etwas Südseeflair kann man nach dem Besuch des Klosters und der angeschlossenen Weinkellerei am Strand von Vái erleben. Ist dieser schon überfüllt, steuert man alternativ die ruhigen Buchten von Ítanos an und verschiebt den Besuch des berühmten Palmenstrands auf den Nachmittag. Wer anschließend noch Lust hat, ein wenig zu fahren, kann den Tag etwas weiter südlich in einer tollen Fischtaverne am Meer in Chióna ausklingen lassen.

Wer genug auf der faulen Haut gelegen hat, sollte sich unbedingt eine Nacht in dem kleinen Küstenort 27 **Káto Zákros** einquartieren und von dort zu Erkundungstouren starten. Die Landschaft und die Aromen der Natur im »Tal der Toten« begeistern nicht nur Wanderfans, die Überreste des minoischen Palasts von Káto Zákros am Meer nicht nur Archäologie-Begeisterte.

Außerdem stehen weitere Strände auf dem Programm. Denn Xerókambos, der südöstlichste Ort Kretas, erwartet Besucher mit einer verhältnismäßig großen Strandvielfalt. In diesem kleinen Küstenweiler, der im Hochsommer auch gerne von Kretern besucht wird, findet jeder seinen Lieblingsstrand.

Vom Süden zurück in den Norden

Von Xerókambos windet sich die oft menschenleere Straße hinauf zur fruchtbaren Chandrás-Hochebene. Auf etwa 600 Meter Höhe locken einsame Bergdörfer von traditioneller Architektur fern jeglicher Touristenrouten. Vom wunderschönen Dorf Zirós geht es nach Chandrás, dem Dreh- und Angelpunkt der Hochebene, umgeben von gepflegten Wein- und Obstgärten sowie von Olivenhainen. Die *platía* des ruhigen Chandrás, das von blumenreichen Steinhäusern und einer großen Kirche geprägt wird, lädt mit kleinen Brunnen zum Verweilen ein. Rund um Chandrás laden uralte Hinterlassenschaften von Venezianern wie Voilá und von Eteokretern wie die Ruinen von Pressós zu Erkundungen ein. Letztere lohnen vor allem wegen des wunderbaren Weitblicks über die kretische Landschaft einen Besuch.

Von der Hochebene geht es dann wieder ans Meer in den lebendigen Urlaubsort 28 **Makrigialós**. Hier kann man vor Ort das Libysche Meer genießen oder auch einen Bootsausflug zur südöstlich gelegenen, unbewohnten Insel Koufoníssi unternehmen. In der Antike lebten ihre Bewohner von der Purpurschneckenzucht. Die gewonnene Farbe wurde bis nach Rom exportiert. Der feine weiße Sand und das in allen erdenklichen Blau- und Türkistönen schimmernde Wasser schaffen eine Traumkulisse für einen gelungenen Strandtag. Vor der Rückkehr an die Nordküste lohnt aber auch ein Besuch des nahen Klosters Kapsá. Über Kretas einzige Südküstenstadt Ierápetra und die schmalste Stelle der Insel geht es dann wieder zurück an die Nordküste, wo der Küstenweiler 24 **Móchlos** Besucher mit gemütlichen Fischtavernen in romantischer Lage beglückt.

INFO

TOUR
Start: Sitía
Ziel: Móchlos oder Rundtour nach Sitía
Länge: 170 km
Dauer: 6–7 Tage
Beste Reisezeit: Sommerhalbjahr.
Sehenswertes: Die Chandrás-Hochebene steht im Frühling in voller Blüte.

Unterkunft: Sitia Beach Resort & Spa, Sitía, www.sitiabeach.com, Villa Olive Coast Suites, Agathiás, www.olivecoast.net, Terra Minoika, Káto Zákros, www.terraminoika.com, Villa Plori, Makrigialós, www.villaplori.gr, Mochlos Mare, Móchlos, www.mochlos-mare.com

WEITERE INFOS
Im Sommer täglich Tagesausflüge mit dem Boot von Makrigialós zur Insel Koufoníssi, www.cretandailycruises.com. Sowohl von Sitía als auch von Móchlos aus lohnt ein Abstecher zur urwaldartigen Ríchtis-Schlucht mit ihrem Wasserfall.

REIZVOLL UND AUTHENTISCH

KRETISCHE GASTFREUNDSCHAFT GENIESSEN – SITÍA

Kretas östlichste Stadt liegt direkt am Meer und ist ein guter Ausgangspunkt, um den Osten der Insel zu erkunden. Die Reize Sitías sind die hübsche Hanglage, das echte griechische Kleinstadtleben, ein lang gezogener Stadtstrand und das für kretische Verhältnisse recht flache Hinterland. Sitía ist ideal, um Stadt- und Strandurlaub zu verbinden und um Urlaub unter Kretern zu verbringen.

23

Hügelig ist die Landschaft zwischen Ágios Nikólaos und Sitía, serpentinenreich die Straße zwischen den Städten. Erst in den 1960er-Jahren wurde die heutige Asphaltstraße zwischen den beiden Städten des Bezirks Lassíthi gebaut, vorher transportierten Dampfer und Segelboote Waren wie Personen. Die Neuerung der Nationalstraße in diesem Teil der Insel hat viele Jahre auf sich warten lassen. Ende 2019 wurde die lange geplante Brücke zwischen Chamézi und Sitía schließlich eröffnet, so dass man Kretas östlichste Stadt jetzt etwas schneller erreicht. Außerdem hat der bereits 2014 ausgebaute kleine Flughafen von Sitía seine Pforten nicht nur für Inlandsflüge, sondern auch für ein paar Auslandsflüge geöffnet.
Durch die isolierte Lage hat sich das Städtchen mit netten kleinen Hotels seinen ländlichen Charme erhalten. Sitía ist ideal für alle, die Beschaulichkeit, Ruhe aber auch lebhafte Stunden unter Einheimischen suchen.

Kretisches Leben in Sitía

Sitía liegt in der Ecke einer großen Bucht. Die älteren, pastellfarbenen Häuser der kleinen Stadt klettern oberhalb des Hafens einen Hang hinauf. Die meisten Neubauten erstrecken sich gen Osten in der recht flachen Ebene hinter der langen, teilweise autofreien Uferpromenade und dem über einen Kilometer langen Sandstrand. Und obwohl Sitía auf den ersten Blick nicht besonders ansprechend wirkt, lohnt ein zweites genaueres Hinsehen. Sitía ist zu jeder Tageszeit anders: Morgens füllen sich die Straßen mit Pick-ups der Bauern aus dem Hinterland, die in der Stadt Einkäufe erledigen oder den Verkauf ihrer Sultaninen, Zitrusfrüchte und natürlich des Olivenöls organisieren. Die niedrigen, nur bis zu 800 Meter hohen Hügel Ostkretas säumen zahlreiche Täler, in denen ganzjährig Wasser fließt. So sind die Hänge der Region über und über mit Olivenbäumen bewachsen. Das Olivenöl von Sitías Union der Agrargenossenschaften, die aus 41 kleinen Vereinigungen besteht, gilt als das beste Kretas und wird auch international vertrieben. Während der Mittagszeit machen die Einwohner der Stadt – wie es sich für ein südländisches Landstädtchen gehört – natürlich Siesta. Dann wird es herrlich ruhig bis zum Abend, wenn Familien mit ihren Kindern über die Uferpromenade flanieren und sich Freunde in Cafés und Tavernen treffen. Sogar in der Hauptsaison trifft man in Sitía mehr Einheimische als Touristen.

← Die Promenade von Sitía lockt allabendlich Einheimische und Gäste zum Flanieren.
↗ Sitía verspricht abwechslungsreiche Impressionen.

Entlang der Uferpromenade

Im Sommer sind der lange Stadtstrand und die ihn säumenden Cafés und Tavernen tagtäglich Treffpunkt von Einheimischen und Touristen. Wer vom Strand an der Promenade entlang gen Westen läuft, trifft auf Höhe der Odós Andréa Papandréou auf eine interessante Entdeckung aus der Ausgrabungsstätte von Palékastro. In einem gläsernen Kiosk steht ein rekonstruierter minoischer Rechner. Der erste analoge Rechner aus dem 15. Jahrhundert v. Chr. berechnete die Mond- und die Sonnenfinsternis. Außerdem hatte er weitere Kalenderfunktionen, mit denen die Minoer ihre Feiertage, die Erntezeit oder das Auslaufen ihrer Schiffe bestimmen konnten. Der Rechner wurde auch im Taschenformat hergestellt. Frauen diente er beispielsweise zur Bestimmung ihrer Schwangerschaftszeit.
Etwas weiter westlich lohnt ein Stopp bei der bekanntesten Konditorei der Stadt. Seit über 40 Jahren ist die Konditorei Mitsakákis für die in Öl ausgebackenen Teigbällchen mit Honig, *loukoumádes*, bekannt. Besonders beliebt ist auch der süße Blätterteig mit Cremefüllung und Zuckersirup, *galaktomboúreko*. Nicht nur zum Kalorienverbrennen lohnt ein Spaziergang entlang der Uferpromenade weiter gen Westen. Schilder mit der Aufschrift »This is A Good Kiss Spot« (ein von dem italienischen Straßenkünstler und Grafikdesigner 0707 ins Leben gerufene, sich weltweit verbreitendes Projekt) weisen an der palmengesäumten Promenade auf die ideale Kulisse für einen Kuss hin.

Kretische Traditionen: Musik und Rakí

Auf dem Weg zum kleinen Hafen mit den vielen bunten Fischerbooten zeugt am zentralen Platz von Sitía, der Platía Iróon Politechníou, ein modernes Denkmal vom größten Vertreter der kretischen Literatur. Vitséntzos Kornáros (1553–1613 oder 1614), Nachfahre einer venezianischen Adelsfamilie, kam 1533 in Sitía zur Welt und schrieb die wohl bekannteste kretische Liebesgeschichte: *Erotókritos*. Der gereimte Roman besteht aus 10 000 Versen, ist die

↑ Zwischen den Fischerbooten im Hafenbecken von Sitía schaukeln Segelboote.
→ Die Festung Kazárma lockt alle, die einen schönen Blick genießen wollen.
↘ Geschichtsfans kommen in Sitía im Archäologischen Museum auf ihre Kosten.

Grundlage der kretischen Volksdichtung und für die Kreter ein Nationalepos. Kornáros berührte und bewegte die Kreter durch die Verwendung des kretischen Dialekts und die Nähe des Romans zum Volk. Bis heute findet man Verse seines Werks im kretischen Volksgut wieder und sie werden in Form der sogenannten *mantinádes*, 15-silbigen rhythmischen Reimpaaren, wiedergegeben. Die *mantinádes* bilden in der kretischen Tradition die Texte der Lyra-Spieler. Früher informierten sie verschlüsselt meist vom Leid der Bevölkerung und vom Widerstandskampf, heute wird insbesondere die Liebe thematisiert. Dass die Musik in Sitía eine besonders große Rolle spielt, zeigt das seit 2013 jährlich im Juli stattfindende, dreitägige Mediterrane Radio Festival, bei dem kretische und internationale Künstler ihre landestypische Musik präsentieren.
Zu welcher Musik Kreter jeder Altersklasse heute gerne bis in die Morgenstunden feiern, erlebt man etwas weiter westlich an der Odós Venizélou gleich am Hafen. Den Tavernen folgen zahlreiche *rakádika*, die auf der ganzen Insel einen besonders guten Ruf genießen und sich anders als in vielen Orten Kretas äußerst modern und originell präsentieren. Die *rakádika*, benannt nach dem inseltypischen Tresterschnaps Rakí (im Westen der Insel oft *tsikoudiá* genannt), sind ein fester und altersunabhängiger Bestandteil des kretischen Lebensstils, und in Sitía spielen sie eine ganz besondere Rolle. Man trifft sich dort nicht nur, um die vielen kleinen *mezédes* zu essen, sondern in erster Linie, um gesellig beisammen zu sitzen, um über Gott und die Welt zu plaudern und natürlich, um zu feiern. In den *rakádika*, in denen man natürlich auch etwas anderes als Rakí trinken kann, werden *mezédes* oft automatisch einfach dazu serviert. Nachbestellen kann man selbstverständlich immer. Das traditionelle Destillieren des Rakí können alle, die nicht gerade nach der Weinlese und -kelterei im November auf Kreta unterwegs sind, in Sitía auch im Sommer erleben. Die Wirte der *rakádika* brennen den Rakí an einem Abend im Juli vor ihren Lokalen in den traditionellen Kupferkesseln *kazánia*, und es folgt ein großes Fest.

Eine recht neue Stadt

Dass im Stadtgebiet kaum historische Bauwerke zu sehen sind, liegt daran, dass das heutige Sitía erst 1871 gegründet wurde. Bewohnt wurde die Gegend jedoch schon in frühminoischer Zeit, was Ausgrabungen nahe der Stadt beweisen. Den Namen verdankt sie der hellenistischen Siedlung Itiá, etwa zwei Kilometer östlich bei Tripitó. Im Jahr 731 war Sitía Bischofssitz. Daher stammen Funde aus byzantinischer Zeit. Einzig erhaltenes historisches Bauwerk der Stadt ist die Burg Kazárma oberhalb des Hafens. Sie wurde in den letzten Jahren der byzantinischen Epoche erbaut und später von den Venezianern erweitert. 1538 zerstörten osmanische Soldaten die kleine Festung. Heute sind nur noch die Außenmauern und Reste eines Wohngebäudes erhalten. Mit dem Angriff der Osmanen 1651 flohen die Einwohner der Stadt, und Sitía verlor an Bedeutung. Die neue Hauptstadt Ostkretas wurde das Dorf Piskokéfalo in der Nähe. Das heutige Stadtgebiet wurde erst in der zweiten Hälfte des 19. Jahrhunderts wieder besiedelt, als es die Einwohner aus den umliegenden Dörfern an die Küste zog. Außer der Festung Kazárma, die von der Bühne einen schönen Blick auf die Stadt verspricht, gibt es in Sitía auch zwei sehenswerte Museen. Im Archäologischen Museum am südlichen Rand des Ortskerns werden einige interessante Funde aus der Umgebung präsentiert. Exponate wie Amphoren, Keramikobjekte, Sarkophage und die Aufbewahrungsbehälter *píthoi* stammen aus der minoischen bis zur klassischen Zeit. Sie wurden größtenteils in minoischen Gräbern bei Agía Fotiá gefunden. Das bedeutendste Objekt ist eine Statuette aus dem 15. Jahrhundert v. Chr. Den 49 Zentimeter großen Jüngling aus Nilpferd-Elfenbein zeichnen feinste Details aus. Gut erkennbar sind die Muskeln und Gelenke. Seine Haare wurden aus Serpentinstein gefertigt. Goldspuren lassen erkennen, dass Sandalen, der Gürtel und der Lendenschutz aus Gold bestanden, der Armreifen sowie die Augen aus Bergkristall. Aus der neueren Vergangenheit berichtet das schon 1975 gegründete Folkloremuseum, das in einer alten, zweistöckigen Stadtvilla untergebracht ist. Hier werden zahlreiche traditionelle Möbel, Haushalts- und Landwirtschaftsgeräte sowie kretische Trachten und viele wertvolle Häkel- und Webarbeiten aus dem 19. und 20. Jahrhundert präsentiert.

Minoische Hinterlassenschaften

Wenige Kilometer östlich von Sitía können Archäologie-Interessierte zwischen Petrás und Agía Fotiá sowohl mit dem Auto als auch auf einer Wanderung mehrere frei zugängliche minoische Relikte meist mit tollem Blick aufs Meer entdecken. An der Küstenstraße beim Weiler Petrás weist zunächst ein Schild mit der Aufschrift »Protopalatial Fortification Wall« auf eine Befestigungsmauer aus dem 19. Jahrhundert v. Chr. hin. Die Reste eines meist verschlossenen, minoischen Palastkomplexes, der Handelsmittelpunkt und auch kultisches Zentrum der Minoer in dieser Bucht war, liegen etwa 100 Meter weiter links. Viele große Steinquader weisen dort alte eingeritzte Zeichen auf: vorwiegend die typisch minoische Doppelaxt, aber auch Sterne. Rund einen Kilometer weiter östlich führt der Feldweg vom Schild »Hellenistic Town« an einer Olivenpresse vorbei. Dort sind bei der winzigen Halbinsel Tripitós die Ruinen einer hellenistischen Siedlung mit der *agorá* und Fundamenten der Hausmauern zu sehen. Zwischen den Mauerresten sind der Sockel einer Weinpresse, steinerne Mörser und Schalen zu erkennen. Archäologen vermuten, dass es sich bei der Siedlung um das antike Itiá handelt, dem das heutige Sitía den Namen verdankt.
Am östlichen Ortsrand von Agía Fotiá befinden sich auf dem 25 Meter hohen Hügel Kouphotá nahe dem Hotel Lassion Golden Bay die Ruinen eines Komplexes mit acht Wohneinheiten und zwei Tholosgräber aus der Zeit zwischen 2100 und 1950 v. Chr.
Auf Feldern verstreut liegen gleich dahinter 250 Gräber der frühminoischen Nekropole von Agía Fotiá – einer der größten minoischen Nekropolen Kretas. Die Gräber, die teilweise aus Vor- und Hauptraum bestehen, wurden auch für Mehrfachbestattungen genutzt. In kleineren Einraum-Gräbern wurden vermutlich junge Leute und Kinder bestattet. Die Archäologen machten in den Gräbern viele Funde, die im Archäologischen Museum der Stadt ausgestellt werden. Man fand etwa 1800 recht gut erhaltene Tongefäße, viele kupferne Gegenstände wie Äxte oder Angelhaken und vieles mehr.

↑ Auch außerhalb von Sitía reizen Hotels wie das Lassion Golden Bay.
↖ Sitía präsentiert sich mit äußerst wenigen historischen Bauten.
← Ein wenig in die Geschichte eintauchen kann man im Folklore-Museum.

INFO

GUTE LAGE FÜR ERKUNDUNGEN
Im Jahr 2004 eröffnete die Hotelierfamilie Ekaterinídis im fünf Kilometer östlich von Sitía liegenden Agía Fotiá das Bungalowhotel Lassion Golden Bay, das mit der Lage direkt am Meer und einer fantastischen Aussicht auf die Bucht von Sitía begeistert. Seit über 30 Jahren kümmern sich die Besitzer herzlich um ihre Gäste. Die inzwischen leider etwas in die Jahre gekommene Hotelanlage liegt ideal für Urlauber, die Ostkreta mit dem eigenen Mietwagen erkunden möchten und Ruhe suchen. Die 28 gemütlichen Wohneinheiten, darunter 20 Bungalows und acht Zimmer, verteilen sich in einer 16 Hektar großen, blumenreichen Gartenanlage. Am und im Meerwasserpool lässt es sich herrlich entspannen. Sitía und auch alle anderen Sehenswürdigkeiten der Region scheinen nur einen Katzensprung entfernt.

WEITERE INFORMATIONEN
Sitía: www.cretesitia.gr
Hotel Lassion Golden Bay: www.lgb.gr

FISCHERDORF ZWISCHEN FELSWÄNDEN – MÓCHLOS

Das kleine, recht idyllisch gebliebene Fischerdorf Móchlos ist besonders im Sommer ein beliebter Treffpunkt der Kreter, wenn es um Fischessen geht. Der beschauliche Urlaubsort mit winzigen Stränden liegt in einer kleinen Bucht mit Sicht auf das etwa 200 Meter entfernte Inselchen Ágios Nikólaos. Dort werden die Überreste einer minoischen Hafenstadt ausgegraben.

Das charmante Fischerdorf Móchlos liegt etwa 35 Kilometer westlich von Sitía in der Mitte zwischen Sitía und Ágios Nikólaos. Das sich am Meer erstreckende Móchlos versteckt sich unter hohen Klippen und kann von der Inselschnellstraße über zwei Strecken angefahren werden. Ein besonders schönes Bild eröffnet sich Besuchern, wenn sie die Straße an der Abzweigung bei Plátanos hinunterfahren. Die vier Kilometer lange, kurvige Straße verläuft an dem markanten pyramidenförmigen Gipssteinbruch vorbei hinunter zum Meer. Diesen Hügel aus Gipsalabaster wussten schon die Minoer sehr zu schätzen. Sie bauten Alabaster ab und nutzten das leicht zu verarbeitende Material als Ersatz für Marmor, um Paläste und Siedlungen zu bauen. Heute wird in drei Steinbrüchen Gips zur Weiterverarbeitung zu Gipskartonplatten abgebaut.

Frischer Fisch, Sonne und Meer

Obwohl sich in den Sommermonaten viele Besucher zu den wenigen Einwohnern von Móchlos gesellen, hat sich der

↑ Wer ein ursprünglich gebliebenes Dorf erkunden möchte, kann Sfáka oberhalb von Móchlos besuchen.
↙ In den Tavernen von Móchlos sitzt man idyllisch am winzigen Hafen mit Blick auf die Insel Ágios Nikólaos.

Fischerort sein ursprüngliches Flair bewahrt. Im Sommer trifft man sich zu Fisch und Meeresfrüchten in den gemütlichen Tavernen, die den kleinen, alten Hafen säumen. Außer Frischem aus dem Meer genießt man im romantischen Hafen den Blick auf die kleinen, vor Anker liegenden Fischerboote und auf das vorgelagerte Eiland Ágios Nikólaos. Der Ortskern zeigt sich mit neuen, kleinen Wohnhäusern, die den Hang emporklettern, gemütlichen Pensionen und strahlenden Bougainvilleen. Móchlos ist ideal für Ruhesuchende abseits des Massentourismus, auch wenn in der Nähe ein Clubhotel zahlreiche französische Gäste beherbergt.
Interessant und abwechslungsreich sind auch die Ausflüge in Dörfer der Umgebung. Sie warten mit unterschiedlichen Highlights auf Erkundung. Lohnenswert ist der Besuch des Dorfs Kavoúsi, etwa zehn Kilometer südöstlich, mitten in Olivenhainen. In Kavoúsi beeindruckt ein über 3000 Jahre alter, riesiger Olivenbaum, der einer der ältesten des Landes sein soll. Badefreunde können in Móchlos an verschiedenen kleinen Stränden schwimmen gehen. Auch zum Schnorcheln ist die Bucht von Móchlos ideal. Da die Badebuchten ziemlich felsig sind, nimmt man am besten Badeschuhe mit. Der winzige Hauptstrand mit Kies und Sand befindet sich gleich vor den Tavernen im Hafen. Von dort können erfahrene Schwimmer, wenn sie bei regelmäßig auftretenden Strömungen vor der Insel achtsam sind, hinüber zum 200 Meter entfernten Inselchen Ágios Nikólaos schwimmen. Aber auch mit Fischerbooten gelangt man vom kleinen Hafen aus hinüber (Informationen bekommt man in den Tavernen). Einen weiteren Strand mit Kies gibt es am westlichen Ortsrand beim neu angelegten Hafenbecken.

Hinterlassenschaften der Minoer

Auf Ágios Nikólaos stand in minoischer Zeit eine wichtige Hafenstadt. Bereits 1908 begann ein amerikanischer Archäologe auf der Insel mit den Ausgrabungen. Da finanzielle Mittel fehlten, musste er seine Arbeiten jedoch unterbrechen. Seit 1990 graben jetzt immer mal wieder griechische und US-amerikanische Archäologen. Erkennbar sind Mauer- und Gassenreste aus frühminoischer Zeit. 1989 fand man auch im nordwestlichen Teil von Móchlos, links von der Straße zum Hafen, spätminoische Ruinen. Dies bestätigt die Theorie, dass die Insel zu minoischer Zeit noch mit dem Festland verbunden gewesen sein soll. Im westlichen Teil der Bucht hat man auch unter der Meeresoberfläche minoische Ruinen gefunden.

INFO

EIN BISSCHEN WIE IM DSCHUNGEL
Grün und wasserreich zeigt sich die kleine Ríchtis-Schlucht, etwa 20 Kilometer östlich von Móchlos beim Dorf Éxo Moulianá. In der etwa vier Kilometer langen Schlucht, die man von der Lachanás-Brücke unterhalb des Dorfs begehen kann, begeistern nicht nur die Ruinen von zwei alten Wassermühlen, sondern vor allem der ganzjährige Wasserreichtum. Inselweit einzigartig ist der bis zu 20 Meter hohe Wasserfall im unteren Teil der von viel Efeu, Platanen und Oleander bewachsenen Schlucht. Im kleinen Teich darunter lohnt besonders an heißen Sommertagen ein Sprung ins kalte Nass. Wer nur den Wasserfall sehen und sich die insgesamt rund vierstündige Wanderung ersparen möchte, kann die Schlucht auch von ihrem unteren Ende aus begehen. Dazu fährt man mit dem Auto an den gleichnamigen Strand und läuft nur etwa ein Drittel der Gesamtstrecke (etwas über einen Kilometer) bis zum Wasserfall. Festes Schuhwerk ist empfehlenswert.

WEITERE INFORMATIONEN
Móchlos: www.mochlos.eu

25

EINES DER BEKANNTESTEN KLÖSTER KRETAS

EINSAM UND REICH – KLOSTER TOPLOÚ

Mitten im Nirgendwo erscheint das im 14. Jahrhundert gegründete Moní Toploú mit seinen Weingärten wie eine Oase in der kargen Landschaft. Der Konvent erhebt sich auf einem Plateau mit Blick auf das Meer und scheint mit seinen hohen Mauern nicht nur den rauen Winden trotzen zu können. Doch ist das von Weitem einsam und verlassen wirkende Kloster eines der meistbesuchten der Insel.

Mit den wehrhaften Mauern und den umliegenden Weingärten prägt das vor wenigen Jahren restaurierte Kloster Toploú das Landschaftsbild am Fuß der nordöstlichsten Halbinsel Kretas. Der Name Toploú ersetzte den ursprünglichen Namen Panagía i Akrotirianí (»Muttergottes des Kaps«) im 17. Jahrhundert. Den neuen Namen verdankt das während der Widerstandskämpfe in osmanischer Zeit immer wieder in Mitleidenschaft gezogene Kloster ausgerechnet dem Türkischen: *Toploú* leitet sich vom türkischen *top* (»Kanone«) ab und bedeutet »Platz mit der Kanone«. Eine kleine Kanone schützte das Kloster vor Piratenangriffen und benachrichtigte parallel dazu auch die Einwohner der Umgebung, dass Gefahr bestand. Seine heutige Gestalt bekam das Kloster Anfang des 17. Jahrhunderts.

Weltoffene Leitung mit Geschäftssinn

Im Kloster Toploú leben der Abt Amvrósios Skarvélis und zwei Mönche. Der Konvent zählt zu den reichsten Griechenlands und ist der wohlhabendste der Insel. Seine Haupteinnahmen stammen von der Verpachtung zahlreicher Ländereien und den Gewinnen aus dem biologischen

↑ Markant ist die restaurierte Windmühle am Klostereingang.
← Die Umgebung des Moní Toplou ist bis auf wenige Ziegen recht einsam.

Anbau von 20 000 Olivenbäumen und 20 Hektar Weingärten. Zum Großgrundbesitz gehört fast das ganze Land vom Kloster bis hinter der antiken Stadt Ítanos im äußersten Nordwesten. Bisher war dies wohl auch ein Grund für die naturbelassene Landschaft in dieser Ecke der Insel. Der einstige Abt Filótheos Spanoudákis hatte mit 25 000 Hektar Land allerdings Großes vor, erntete damit jedoch Kritik von vielen Einwohnern, Archäologen und Umweltschützern, die sich um das kulturelle Erbe in der Gegend sowie um Flora und Fauna sorgen. Seit 1998 kämpfen britische Investoren um das Großprojekt »Itanos Gaia«, das vier bis fünf traditionelle Hoteldörfer, einen Golfplatz und vieles mehr umfassen soll. Das 267,7 Millionen Euro teure Mammutprojekt soll dem Kloster nicht nur weitere Einnahmen durch die Pacht einbringen, sondern auch Tausende neue Arbeitsplätze schaffen. Ende 2010 wurden die Pläne durch eine Absage vom Obersten Verwaltungsgericht zunächst gestoppt. Die Verkleinerung des Projekts verhalf letztlich zur Zustimmung, So wird der äußerste Nordosten Kretas in einigen Jahren wohl Hunderte Besucher mehr empfangen.

Alte Wandmalereien und kostbare Ikonen

Ein Vorhof mit einer alten Getreidemühle leitet zu einem überwölbten Torgang, dem Eingang zum kleinen, blumenreichen Innenhof, der mit seinen Arkaden beeindruckt. Gegenüber liegt der Eingang zur Klosterkirche, die der Gottesmutter geweiht ist. Links des schmalen Eingangs fallen zwei Inschriftentafeln auf. Die interessantere davon ist die rechte. Sie enthält die Aufhebungsschrift der Grenzen der antiken Städte Ítanos und Hierápytna (dem heutigen Ierápetra). Ab 140 v. Chr. waren die beiden Städte miteinander verbündet und herrschten zusammen über Ostkreta. Im Kircheninneren sind Wandmalereien aus dem 14. Jahrhundert zu bestaunen. Besonders eindrucksvoll ist jedoch eine Ikone des Malers Ioánnis Kornáros aus dem Jahr 1770. Die byzantinische Miniaturmalerei »Groß bist du, Herr!« (*Mégas ei kyries*) berichtet in vier Hauptmotiven und mehreren ineinander verschlungenen, kleinen Einzeldarstellungen aus dem Neuen und Alten Testament. Von unten nach oben zeigen die Hauptmotive die Höllenfahrt Christi, Maria mit Adam und Eva, die Taufe und die Dreifaltigkeit. Das Klostermuseum zeigt liturgische Geräte und Gewänder, zahlreiche Schriften, alte Holzschnitte und Kupferstiche sowie wertvolle Ikonen wie die aus Holzmangel auf Marmor gemalte Ikone der Panagía Akrotirianí. Andere Exponate berichten von den Freiheitskämpfen in osmanischer Zeit.

INFO

LANGE TRADITION IM BIO-ANBAU

Der Weinanbau im Kloster Toploú geht bereits auf die Gründungszeit des Konvents, also ins 14. Jahrhundert, zurück. Seit den 1990er-Jahren beschäftigen sich die Mönche des Klosters auch mit biologischem Anbau. Kultiviert werden Oliven und Wein.
Die Erzeugnisse, also Olivenöl, der Tresterschnaps Rakí und Wein, kann man im *kafenío* des Klosters kosten, in dem außerdem hauseigener Joghurt und selbst gebackenes Brot sowie andere lokale Produkte serviert werden. Gegenüber dem Kloster empfängt die große Toploú-Weinkellerei Besucher. In der modernen Anlage können Interessierte an Führungen teilnehmen und viel über die Klosterweine, den hauseigenen, hier gebrannten Rakí und das Olivenöl erfahren.

WEITERE INFORMATIONEN

Moní Toploú: 14 km östlich von Sitía, April–Okt. tgl. 9–18 Uhr.
Weingut Toploú: www.biositia.gr

SILBERGRÜN SCHIMMERNDE OLIVENHAINE ÜBERALL

Die teils endlos wirkenden und uralten Olivenhaine, die sich wie Teppiche über weite Landschaftsabschnitte der Insel legen, sorgen für eine wunderschöne Naturkulisse. Sie liefern den Kretern aber auch das erstklassige Olivenöl. Die mühsame Erntezeit ist Familiensache, ebenso der hohe Verbrauch.

Zwischen den mächtigen Gebirgszügen und den fruchtbaren Feldern laden Meere aus silbergrün in der Sonne glitzernden Olivenbäumen zu ausgedehnten Spaziergängen ein. Ein paar uralte Exemplare wie im antiken Eléftherna oder Monastiráki im Amári-Tal bringen Erkundungsfreudige zum Staunen. Die zwei ältesten Bäume stehen in Voúves in der Region Chaniá und in Kavoúsi in der Region Lassíthi. Die beiden rund 3000 bis 4000 Jahre alten Prachtstücke gehören zu den ältesten Olivenbäumen des Landes. Für die Marathonläufer bei den Olympischen Spielen in Athen 2004 wurden aus den Zweigen der monumentalen Bäume Siegerkränze gefertigt.

Olivenöl haben Kretas Bewohner schon vor Tausenden von Jahren produziert. Dies bezeugen unter anderem die riesigen Aufbewahrungsgefäße, die sogenannten *píthi*, aus den minoischen Palästen. Außerdem wurden in einem Becken im Palast von Zákros gut 3000 Jahre alte Oliven entdeckt. Heute zählt die größte Insel Griechenlands zu den bedeutendsten Olivenölexporteuren Europas. Kein Wunder: Auf mehr als der Hälfte der landwirtschaftlich genutzten Fläche Kretas sollen rund 30 Millionen Olivenbäume stehen. Außerdem gehören die Kreter zu den Weltmeistern im Olivenölverbrauch. Ihr flüssiges Gold findet in der kretischen Küche überall Verwendung. Da fast jede Familie ihr eigenes Olivenöl erzeugt, fehlt es in keinem kretischen Haushalt und auch in keinem Restaurant.

Arbeit für die ganze Familie

Die jährliche Olivenernte zwischen Ende Oktober und Februar ist ein Muss für die ganze Familie. Und da bei so viel Arbeit die eigene Familie meist nicht ausreicht, werden für die Erntezeit oft Helfer engagiert. Das eigene Olivenöl liegt den Kretern aus aller Welt sehr am Herzen. Daher nehmen Familien, die sonst in anderen Teilen des Landes oder im Ausland leben, im Winter oft sogar Urlaub, um die eigenen Oliven zu ernten. So ist man nicht nur stolz auf das Ergebnis, sondern bewahrt auch die Liebe zur Heimat. Außerdem geht es den Kretern vor allem darum, das ganze Jahr über mit eigenem Olivenöl kochen zu können. Voller Stolz wird auch das ein oder andere Fläschchen an Freunde verschenkt. Und die mühsame Landarbeit an der frischen Luft ist darüber hinaus auch gut für die Gesundheit – und für die Figur. Beginnend bei den Olivenhainen in Küstennähe arbeiten sich die Olivenbauern zu den in höheren Lagen stehenden Bäumen weiter. Dort reifen die Oliven aufgrund des Klimas später. Die Ernteweise für die Oliven hat sich seit der Antike kaum verändert. Sie werden bis heute Jahr für Jahr per Hand geerntet. Dazu legt man zunächst Netze unter den Bäumen aus. Mit Olivenrüttlern, Handrechen oder Stöcken werden die Früchte vom Baum geschüttelt. Sie landen auf den Netzen und werden anschließend eingesammelt. Dabei versuchen die Erntehelfer, so viele Blätter und Ästchen wie möglich auszusortieren. Noch am selben Tag wird die Ernte zur lokalen Mühle gefahren.

Von der Ernte zum Olivenöl

Nach der mühsamen Arbeit reihen sich die Kreter meist mit vielen Säcken voller Oliven in die Schlange vor der Olivenpresse ihrer Region ein. Diese öffnet nur in der Saison und arbeitet dann im Vollbetrieb. Da es wichtig ist, die Oliven so schnell wie möglich nach der Ernte zu pressen, vereinbaren die Olivenbauern meist einen Termin. Vor der Mühle ist meist einiges los. Immer wieder fahren Bauern mit ihren Helfern und den vollbeladenen Pick-ups ihre Ernte ein. Ist die eigene Ernte an der Reihe, werden die Oliven zunächst von den restlichen Blättern befreit und gewaschen. Olivenöl wird auf Kreta immer »kalt gepresst«. Dazu geht es erst einmal darum, die Früchte inklusive der Steine zu zermahlen. Durch eine Zentrifuge wird das Öl dann aus den Zellen gelöst und von Fruchtfleisch und Wasser getrennt. Anschließend fließt das grün-golden schimmernde Olivenöl in die Behälter. Aus rund fünf Kilogramm Oliven erhält man mit etwas Glück knapp einen Liter Olivenöl, das übrigens als eins der qualitativ hochwertigsten der Welt gilt.

↑ Gutes Olivenöl ist auch pur einfach lecker.
↖ Kretas Olivenbauern sind erfahren darin, den richtigen Zeitpunkt für die Ernte zu wählen.
← Olivenbäume wachsen auf Kreta häufig ganz nah am Meer.

SÜDSEEFLAIR – VÁI UND ÍTANOS

Der Palmenstrand von Vái ist der wohl bekannteste Strand der Insel. Kein Wunder, dass Scharen von Ausflüglern mit Bussen oder dem Mietwagen oft eine lange Anreise in Kauf nehmen. Ein kleines Paradies ist der 200 Meter lange Sandstrand jedoch nur noch in der Nebensaison. Dann bietet sich außer Schnorcheln im glasklaren Wasser auch entspanntes Sonnenbaden in Palmenkulisse an.

Der Strand von Vái liegt vor dem größten Palmenhain Kretas und ist eines der beliebtesten Ausflugsziele der Insel. Leider hat man bei der Ankunft auf dem kostenpflichtigen Parkplatz oft das Gefühl, mehr Autos und Busse als Palmen zu sehen. Wer im Osten der Insel seinen Urlaub verbringt oder bewusst viele Stunden Fahrt in Kauf nimmt, sollte Vái jedoch gesehen haben. Vor der Ankunft der Busse am frühen Morgen sowie am späten Nachmittag, wenn sie wieder abgefahren sind, erfüllt Vái die Erwartung einer Traumstrand-Szenerie.

Noch vor wenigen Jahrzehnten war der Strand von Vái touristisch unerschlossen und der Palmenhain dahinter für Besucher begehbar. Nachdem Hippies und Camper die Gegend verschmutzten und die Zerstörung des Palmenhains drohte, wurde er 1973 unter Naturschutz gestellt. Seitdem ist der 200 Hektar große Palmenhain mit den mehr als 5000 Kretischen Dattelpalmen umzäunt. Nur wenige Exemplare spenden den vielen Besuchern am Grobsandstrand mit Restaurant, Sonnenliegenverleih und Wassersportstation noch Schatten und dienen als beliebtes Motiv für Urlaubsfotos.

Kretische Dattelpalmen und ihre Herkunft

Die Kretische Dattelpalme wurde erst 1967 vom Schweizer Botaniker Werner Greuter als eigene Dattelpalmenart klassifiziert. Ihren lateinischen Namen *Phoenix theophrastii* erhielt sie angelehnt an den Naturforscher Theophrast (371–287 v. Chr.), einem Schüler von Aristoteles, der sie be-

↙ Während der Palmenstrand von Vái sowohl von Individualreisenden als auch von unzähligen Ausflugsbussen angesteuert wird,
↑ sind die sich nördlich erstreckenden Strände bei Ítanos fast noch ein Geheimtipp für Ruhesuchende.

reits in der Antike zusammen mit Kernobst und Weinstock den Nutzpflanzen zuordnete. In der Antike galt die Palme als Zeichen des Lebens. So ist sie als mythologisches Symbol oft auf alten Münzen oder Krügen abgebildet. Um die Herkunft des Palmenhains von Vái ranken sich dennoch einige Legenden: Die einen behaupten, den Hain hätten Araber angelegt. Andere meinen, sarazenische Piraten hätten den Palmenhain angepflanzt, um sich darin zu verstecken. Und eine andere Legende erzählt von ägyptischen Soldaten: Diese sollen beim Krieg des antiken Ítanos in Vái die Kerne ihrer mitgebrachten Datteln in den Sand gespuckt haben. Vermutlich gibt es den Palmenhain von Vái jedoch schon seit Jahrtausenden.

Feiner Sand und tiefes Blau

Ist man in Vái angekommen und der Strand ist überfüllt, bieten sich in der Nähe Alternativen für Ruhesuchende an. Ruhiger ist in der Hauptsaison die Nachbarbucht Psilí Ámmos, die man in etwa 15 Minuten Fußweg über die Stufen zum südlich gelegenen Aussichtspunkt mit einem fantastischen Ausblick auf die Palmen erreicht.
Der Sandstrand ist besonders bei FKK-Touristen beliebt. Dort beeindrucken nicht die Palmen, sondern der feine Sand, der sich etwa 200 Meter tief ins Landesinnere zieht. Der touristisch unerschlossene Strand ist wegen des tieferen Wassers ideal für Schwimmer. Zum sonnenreichen Strand sollte man allerdings seinen eigenen Sonnenschirm mitbringen.

Alternative für Einsamkeits-Fans

Für alle, die weitere abgelegene und einsame Strände suchen, ist die Bucht von Ítanos, einen guten Kilometer weiter nördlich, eine äußerst gute Alternative. Dort trifft man unterhalb der Ruinen der antiken Stadt Ítanos auf drei Badebuchten, die auch zum Schnorcheln interessant sind. Einige Überreste der Stadt liegen nämlich unter Wasser. Die erste Bucht, südlich der Überreste eines kleinen Kastells, hat weißlichen Sand, und man liegt im Schatten einiger Palmen. Die mittlere Bucht am Parkplatz ist sandig, hat an einigen Stellen Felsen und ist ideal zum Schnorcheln. In der nördlichsten Bucht, hinter einem Hügel nördlich vom Parkplatz, liegt der bekannteste, schönste und längste Strand von Ítanos mit feinem Sand und türkisfarbenem Wasser.

INFO

FISCH ESSEN, SURFEN, BIKEN

Wer länger als einen Tag in der Gegend verbringen möchte, guten Fisch genießen oder sportlich aktiv sein will, ist im acht Kilometer entfernten Palékastro gut aufgehoben. Der nordöstlichste Ort Kretas wird von vielen jungen Individualtouristen und Surfern besucht und lockt mit charmantem Urlaubsflair sowie mit einigen schönen Stränden. Wohnen kann man in kleinen Hotels und Pensionen der unteren und mittleren Preiskategorie. Wer Lust auf gute Fischgerichte gleich am Meer hat, ist am Strand von Chióna gut aufgehoben. In der gleichnamigen Taverne kann man an Tischen auf einem kleinen Felsvorsprung essen. Ein weiterer bekannter Strand ist der Koureménos Beach. Dort betreiben Hannes Unterweger und Davina Payne Freak Surf, eine der besten Surfstationen Kretas, und bieten Surfurlaub an. Radfahrer können Mountainbikes mieten oder gleich einen Mountainbike-Urlaub buchen.

WEITERE INFORMATIONEN

Palékastro: www.palaikastro.com
Freak Surf: www.freak-surf.com
Mountainbike-Verleih: www.freak-mountainbike.com

MALERISCHES KRETA – ZÁKROS UND KÁTO ZÁKROS

Obwohl der Osten Kretas im Vergleich zum Westen recht flach ist, bieten sich rund um die Dörfer Zákros und Káto Zákros interessante Wandertouren in herrlicher Natur an. Die bekannteste Tour durch das »Tal der Toten« führt vom Bergdorf Zákros an die Ostküste nach Káto Zákros. Dort lohnen ein Besuch des kleinsten minoischen Palasts und natürlich ein Sprung ins Meer.

Das kleine Bergdorf Zákros hat gerade mal 800 Einwohner und liegt gefühlt wie am Ende der Welt. Dennoch erlangte das Dorf mit dem zugehörigen Küstenörtchen Káto Zákros im Jahr 1961 durch die Entdeckung des viertgrößten minoischen Palastes internationale Bekanntheit. Aufgrund der abgeschiedenen Lage wird Zákros dennoch nicht von vielen Touristen besucht. Die Einwohner leben bis heute überwiegend vom Olivenanbau. Ihr Olivenöl zählt zu den besten der Insel. Zu sehen gibt es in Zákros drei restaurierte Wassermühlen, die zum kleinen Museum umgewandelt wurden und oberhalb des Dorfs bei einer Quelle zu finden sind. In der kleinen Wasser- und Hydraulik-Ausstellung, die durch Spenden der Dorfbewohner zusammengestellt wurde, werden nicht nur alte Gegenstände zum Thema Wassernutzung präsentiert, sondern auch traditionelle Möbel und Webarbeiten, landwirtschaftliche Geräte und Objekte aus dem alltäglichen Leben. Die wenigen Touristen, die den langen Weg nach Zákros auf sich nehmen, kommen vorwiegend, um das 5,5 Kilometer

27

↙ Das »Tal der Toten« ist die bekannteste Schlucht im Osten Kretas und als Wanderroute für die ganze Familie geeignet.

lange »Tal der Toten« zu durchwandern oder um weit weg von jeglichem Trubel einfach mal ein paar Tage abzuschalten. Anders als in dem kleinen Bergdorf lebt man im Küstenörtchen Káto Zákros hauptsächlich vom Tourismus. Es gibt ein paar Tavernen sowie kleine Pensionen und Hotels, die sich auf die wenigen Besucher freuen. Ein kilometerlanger Kieselstrand lädt in Káto Zákros zu mehrtägigem Verweilen ein. Auch Sandstrandfreunde werden an einem kleinen Strandabschnitt im Norden des Orts fündig. Wer wandern möchte, kann entlang vieler markierter Wanderstrecken in der Umgebung interessante Erkundungstouren unternehmen.

Wandern mit der ganzen Familie

Außer einer recht neuen Asphaltstraße verbindet eine für Wanderer geeignete Schlucht, das »Tal der Toten«, die beiden Örtchen miteinander. Die von Oregano- und Thymian-Aromen begleitete Wanderung durch die Schlucht mit den imposanten Felsformationen ist auch gut für Familien mit Kindern geeignet. Sie zählt zu den schönsten der Insel und ist Teil des Europäischen Fernwanderwegs E4. In der Schlucht imponieren die Felsformationen aus rötlichem und grauem Kalkstein. Auch geschichtlich ist die Schlucht interessant. Die Höhlen und Grotten in den Felswänden nutzten die Minoer als Gräber. Daher stammt auch der Name »Tal der Toten«. Die zweistündige Wanderung beginnt am ausgeschilderten Schluchteingang bei Zákros. Man folgt zunächst dem Pfad parallel zum Fluss Xeropótamos und überquert dann zwischen Mastixsträuchern, Disteln und Johannisbrotbäumen dreimal auf Trittsteinen den Fluss. Nach etwa einer Stunde weichen die den Fluss säumenden Platanen dem bis zu sechs Meter hohen, waldartig wachsenden Oleander und wilden Olivenbäumen. Außerdem erscheint gegen Ende der Schlucht immer wieder fliederfarbener Keuschbaum. Von der Betonstraße geht es entweder rechts zu Fuß über die etwa 3,5 Kilometer lange Old Road zurück nach Zákros oder links am minoischen Palast vorbei zum Meer.

Minoischer Palast am Meer

Der minoische Palast von Káto Zákros wurde um 1900 v. Chr. erbaut und ist der kleinste der vier Palastzentren der Minoer. Zahlreiche Funde aus den rund 300 Räumen zeugen vom wichtigen Handel der Minoer mit dem Nahen Osten. Aufgrund der abgeschiedenen Lage wurde der Palast nie geplündert. Der kurioseste Fund von Zákros sind 3000 Jahre alte Oliven in einem Wasserbecken. Nach einer ersten Zerstörung um 1600 v. Chr. wurde die Anlage wiederaufgebaut, bis sie um 1450 v. Chr. wie alle Siedlungen der Minoer endgültig zerstört wurde. Aufgeteilt ist der Palast von Káto Zákros wie folgt: Der Westflügel mit Kulträumen und Schatzkammern diente kultischen Zwecken. Im Osten lagen die Räume der Oberschicht, im Norden die Lagerräume und im Süden die Werkstätten.

INFO

ABGESCHIEDENE STRANDVIELFALT

Xerókambos südlich von Zákros ist ideal für Ruhesuchende und Individualreisende. Stille, naturbelassene Landschaft, wenige Tavernen, kleine Pensionen und menschenleere Badebuchten machen die Idylle perfekt. Zum Baden hat man in Xerókambos mehrere Alternativen: Wer Lust auf ein natürliches Schlammbad mit hautreinigenden Tonmineralien hat, kann unterhalb der Kapelle Ágios Nikólaos von 1895 die winzige Bucht Árgilos besuchen. Nördlich der Siedlung gelangt man hinter dem Ende der Uferstraße zu dem riesigen Sandstrand Alatsólimni, einer alten Saline. Freunde von Sandstränden sollten den Strand Katsounáki (auch Alóna) aufsuchen. Dieser lockt mit feinem Sand, weißen Sandlilien, kristallklarem Wasser und Dünen. Hinter dem Kap Tráchilos, das sich südlich des Weilers erstreckt, liegt der längste Strand von Xerókambos. Der weiße Sandstrand Amatós ist etwa 500 Meter lang und 20 Meter breit. Wer Kieselsteine bevorzugt, erreicht über einen Steinpfad die kleine Bucht Ligiás lákos.

WEITERE INFORMATIONEN

Palast Káto Zákros: Sommer 8–20, Winter 8.30–15.30 Uhr

→ Wunderschöne Sandstrände stehen auf Kreta überall auf dem Programm.
↑ Makrigialós hat sich mit seinem langen Strand zu einem der lebhaftesten Badeorte an der Südküste Ostkretas entwickelt.
← An alten Häusern sieht man hübsche Details.
↓ Anstelle von Großhotels findet man viele gemütliche Apartmenthäuser und Pensionen.

GANZ ENTSPANNT – MAKRIGIALÓS UND MONÍ KAPSA

Für alle, die den unbekannten kretischen Südosten erkunden möchten, aber nicht auch noch in einem touristisch unerschlossenen Ort wohnen wollen, bietet sich das gemütliche Makrigialós an. Innerhalb weniger Minuten ist man von dort in einsamen Regionen, kann aber den Tag auch am langen Sandstrand verbringen. Sehenswert ist in der Nähe das eindrucksvoll an eine Felswand gebaute Kloster Kapsá.

Nur wenige Orte an der kretischen Südostküste sind touristisch erschlossen oder gar bekannt. Makrigialós (auch Makrys Gialós), das östlichste Urlaubsörtchen an diesem Küstenabschnitt, ist mit dem Nachbarort Análipsi zusammengewachsen und einer der lebendigeren Orte der Gegend. Ihre Ferien verbringen dort – bis auf einige nordeuropäische All-Inclusive-Touristen in zwei Großhotels am östlichen Ortsrand – hauptsächlich Individualtouristen, die in den kleinen Hotels und Pensionen sowie in hübschen außergewöhnlichen Unterkünften absteigen. Wer es stilvoll mag, ist in den White Houses am kleinen Hafen gut aufgehoben. Dort hat der Norweger Gunnar Strømsholm historische Häuser im griechischen Inselstil hübsch restauriert und mit modernen Annehmlichkeiten ausgestattet. Wer lieber einige Tage fern von modernem Komfort wohnen möchte, ist in den Häusern Áspros Potamós gut aufgehoben. Im urwaldartigen Tal oberhalb eines Flussbetts hat sich Aléka Chalkiá zusammen mit ihrer Tochter einen Traum verwirklicht: In den elf Steinhäuschen ohne moderne Technik fühlt man sich ins 19. Jahrhundert zurückversetzt.

28

↑ Mit seiner Lage an einer Felswand begeistert das nahe gelegene Kloster Kapsá.
↙ Außer dem langen Ortsstrand findet man rund um Makrigialós auch viele stille Buchten.

umzäunt. Die wohlhabenden Römer bauten sich dort ein Haus mit einem Boden und Wänden, die mit Marmor verkleidet waren.
Den Abend verbringt man in Makrigialós überwiegend an der Promenade, die sich allabendlich zur Flaniermeile wandelt. Lohnenswert ist aber auch der Besuch weiterer Dörfern in der Umgebung, die mit guten Tavernen auf Besucher warten. So lohnt ein Ausflug ins sechs Kilometer nördlich gelegene, idyllische Dörfchen Péfki. In der Taverne Piperiá wird unter einem riesigen Pfefferbaum köstliche Hausmannskost serviert. Zu den bekanntesten Lokalen der Gegend gehört auch die Taverne I Spiliá tou drákou (»Höhle des Drachen«) östlich von Makrigialós. Dort werden exzellente Grillgerichte serviert.

Strände, Archäologie und gutes Essen

Der rund ein Kilometer lange, flach abfallende Sandstrand, der sich von Análipsi bis zum kleinen Hafen hinzieht, ist besonders gut für Kinder geeignet. Der etwa 50 Meter breite Strand mit Wassersportmöglichkeiten und Beachvolleyballfeld wird von einer Promenade mit Cafés und Tavernen gesäumt. Der alte Ortskern von Makrigialós liegt auf einem Plateau oberhalb des Hafens. Dahinter begeistert ein weiterer, 300 Meter langer Strand mit rötlichem Sand. Zwischen den Häusern auf dem Felsvorsprung hat man in den 1970er-Jahren eine spätminoische Villa ausgegraben. In seinem Aufbau ähnelte das Herrenhaus den minoischen Palästen. Es hatte einen West- und einen Zentralhof. Die Archäologen machten hier außerdem kostbare Funde. Leider sind die minoischen Hinterlassenschaften sowie die nahe der Dorfkirche freigelegten Überreste einer römischen Villa heute überwuchert und

Wie ein Adlernest über dem Meer

Etwa zehn Minuten dauert die Fahrt von Makrigialós zum Kloster Moní Kapsá, das imposant an einer Felswand mit Blick auf das Libysche Meer zu kleben scheint. Das im 15. Jahrhundert gegründete Kloster präsentiert eine in den Felsen gebaute Kirche und einen hübschen Innenhof, in dem ein Brunnen unter Zitronen- und Mispelbäumen zum Verweilen einlädt. Im 19. Jahrhundert machte ein Mann mit heilenden Kräften das Kloster auf ganz Kreta bekannt. Ioánnis Vitséntzos, der 1799 dort geboren wurde, kehrte 42 Jahre später nach dem Tod seines Kinds in das Kloster zurück und verbrachte in einer Höhle oberhalb des Konvents seinen Lebensabend. »Gerontogiánnis«, wie ihn die Kreter nennen, heilte Kranke und wurde zum Heiligen erklärt. Unterhalb des Klosters lohnt die Begehung der mit Oleander und Tamarisken bewachsenen, etwa 2,5 Kilometer langen Pervolákia-Schlucht.

INFO

AUSFLUG ZUR HOCHEBENE

Friedvoll liegt die Chandrás-Hochebene östlich der Straße von Makrigialós nach Sitía. Das Zentrum des kretischen Sultaninenanbaus zeigt deutlich die Lieblichkeit und Stille Ostkretas. Besonders hübsch ist Zíros mit weißen und pastellfarbenen Häuschen, umgeben von Weinranken. Knotenpunkt der Ebene ist Chandrás, von wo aus ein Abstecher zum verlassenen Dorf Voilá lohnt. Die Ruinen des mittelalterlichen Dorfs wie die alten Brunnen werden von einem venezianischen Wohnturm dominiert. Weitere venezianische Hinterlassenschaften sind bei Etiá zu sehen: Der restaurierte Landsitz der Adelsfamilie Dei Mezzo wurde im 15. Jahrhundert erbaut. Archäologie-Fans können außerdem zu den spärlichen Überresten des im 12. Jahrhundert v. Chr. von Eteokretern (echten Kretern) gegründeten Pressós fahren.

WEITERE INFORMATIONEN

Makrigialós: www.makrysgialos.com
The White Houses: www.makrigialos.com

Der venezianische Hafen von Réthimno mit seinem Leuchtturm und den vielen Fischtavernen gilt als Wahrzeichen der Stadt.

TIEF EIN-TAUCHEN

Réthimno und das reizvolle Hinterland

ZWISCHEN DEM PSILORÍTIS
UND DEN WEISSEN BERGEN

ROUTE DURCH DIE REGION RÉTHIMNO

Zwischen den wildromantischen Hängen des Psiloríti s und den Ausläufern der Weißen Berge liegen gut besuchte Dörfer wie Argiroúpoli und Anógia ebenso wie das friedliche Amári-Tal. Imposant ist das uralte Klöster Arkádi, grandios der Palmenstrand von Préveli. Urlaubsflair pur gibt es in Plakiás und Agía Galíni.

Das wunderschöne Städtchen 29 **Réthimno** bezaubert nicht nur mit historischem Flair, sondern auch mit einem langen Strand. Zur Erkundung des Umlands geht es entlang der Nationalstraße zunächst gen Westen zum Bergdorf 36 **Argiroúpoli** an den Ausläufern der Weißen Berge. Es lockt mit historischer Bausubstanz und Wasserreichtum. Serpentinen führen von dort in den Süden über das aussichtsreiche kleine Dorf Mírthios zum gut besuchten Urlaubsort 34 **Plakiás**, der im Sommerhalbjahr bei vielen Individualurlaubern beliebt ist. Die tief eingeschnittene Bucht von 35 **Préveli**, in der sich der zweitgrößte Palmenhain der Insel erstreckt, ist nur einen Katzensprung entfernt. Das gleichnamige Kloster direkt oberhalb hat spannende Geschichten zu erzählen und verspricht atemberaubende Aussichten aufs Libysche Meer. Durch die imposante 35 **Kourtaliótiko-Schlucht** geht es von Préveli wieder gen Norden. Kurz hinter der Schlucht folgt man der Abzweigung zum sehenswerten Bergdorf Spíli. Dort lohnt es, ein wenig am Dorfplatz zu verweilen.

Alle, die noch ein paar Tage am Meer verbringen möchten, folgen der gewundenen Straße bis in den gemütlichen Urlaubsort 33 **Agía Galíni**, in dessen Umgebung weitere schöne Strände auf Erkundung warten. Genug gefaulenzt? Dann beginnt die Weiterfahrt ins liebliche 32 **Amári-Tal** zu Füßen der rauen Hänge des Psiloritis-Gebirges. Wer allmählich wieder etwas Stadtluft schnuppern möchte, quartiert sich in 29 **Réthimno** ein. Alle anderen reisen weiter gen Norden, besuchen das geschichtsträchtige 30 **Kloster Arkádi**, die Ausgrabungen und das moderne Museum von Eléftherna sowie das Töpferdorf 30 **Margarítes**. Auch in dieser Gegend stehen hübsche Quartiere bereit. Lang gepflegte kretische Traditionen findet man schließlich in der Bergwelt des Psiloritis in dem großen Dorf 31 **Anógia**.

↑ Zwischen Bergen und Meer windet sich die Straße entlang der Südküste Kretas.

INFO

TOUR
Start: Réthimno
Ziel: Anógia
Länge: 201 km
Dauer: 6–7 Tage
Beste Reisezeit: Sommerhalbjahr

Unterkunft: Menta City Boutique Hotel, Réthimno, www.mentahotel.gr, Arcus Suites, Argiroúpoli, www.arcus.com.gr, Plakias Riviera, Plakiás, www.plakiasriviera.com, Palazzo Greco, Agía Galíni, www.palazzogreco.com, Kapsaliana Village, Kapsalianá, www.kapsalianavillage.gr, Delina Mountain Retreat, Anógia, www.delina.gr

WEITERE INFOS
Weitere Zwischenstopps lohnen an den Stränden Triópetra und Ágios Pávlos zwischen Préveli und Agía Galíni sowie an der Melidóni-Höhle zwischen Margarítes und Anógia, www.melidoni.gr. Rückreise: Von Anógia aus kann man sowohl nach Réthimno als auch nach Iráklio fahren.

29

DIE KLEINE SCHÖNE MITTENDRIN

VERTRÄUMTE ALTSTADT – RÉTHIMNO

Ein stimmungsvoller Fischerhafen und autofreie – mal stille und mal belebte – Gassen voller venezianischer Fassaden, osmanischer Holzbalkone, aufragender Minarette und verträumter Innenhöfe machen aus der Altstadt des kleinen Réthimno eine große Flaniermeile. Für ausgiebige Pausen sorgen zahllose Tavernen, Cafés und Läden aller Art. Badefreuden verspricht ein langer Sandstrand.

Der erste Anblick von Réthimno mit den farblosen Mehrfamilienhäusern der neuen Wohngebiete ist zunächst ernüchternd. Kommt man dem Meer und der Altstadt, die sich auf einer Halbinsel ausweitet, jedoch näher, eröffnet sich eine ganz andere Kulisse. Obwohl Réthimno Kretas drittgrößte Stadt ist, hat es – anders als Iráklio oder Chaniá – ein charmantes Kleinstadtflair und weist unzählige Spuren aus alten Zeiten auf.

Das lebendige Studentenstädtchen präsentiert sich mit einer geschlossenen Altstadt, einer historischen Atmosphäre und einem sich gen Osten erstreckenden, rund 15 Kilometer langen Sandstrand. Hinter dem Strand, der sich vom Fährhafen aus eröffnet, befinden sich Hotels, Apartmentanlagen, Läden und Lokale für jeden Geschmack. Zwischen dem Strandbeginn auf Höhe des »Platzes des Unbekannten Soldaten« (Platía Agnóstou Stratióti) und dem alten venezianischen Hafen wird die Uferpromenade von Palmen gesäumt. Dahinter reihen sich Cafés und Bars aneinander und bilden abends die wichtige Ausgehmeile der Stadt. Weitere vielfältige Möglichkeiten der Abendunterhaltung findet man in der Altstadt. Der kleine venezianische Hafen mit seinem alten Leuchtturm und den farbenfrohen Fischerbooten ist einer der stimmungsvollsten Teile der Altstadt. In den größtenteils denkmalgeschützten venezianischen Häusern mit den verblassten pastellfarbenen Fassaden am Kai haben sich Tavernen und Cafés angesiedelt. Dahinter breitet sich die hübsche Altstadt aus, die gut über die schmale Odós Soulíou mit vielen kleinen Geschäften zu erreichen ist. In den meist gepflasterten Gassen und auf lebendigen kleinen Plätzen haben Venezianer und Osmanen effektvoll ihre Spuren hinterlassen. Réthimno besitzt die meisten Moscheen der Insel und viele prächtige Holzerker. Die auffälligen hölzernen Balkone brachten die Türken an die vielen venezianischen Häuser mit den eleganten Portalen an. Immer mehr dieser historischen, meist zwei- oder dreistöckigen Häuser werden in kleine, stilvolle Unterkünfte umgewandelt. In vielen alten Gemäuern mit ihren romantischen Innenhöfen sind außerdem zahlreiche gemütliche Restaurants oder gerne besuchte *rakádika* und Bars untergebracht.

Kultur, Kunst und Kulinaria

Réthimno gilt seit Jahrhunderten als Künstler- und Gelehrtenstadt und versucht nicht nur durch die ansässige Verwaltung und die Philosophische Fakultät der Universität Kreta, ihrem Ruf als Kulturhauptstadt der Insel gerecht zu werden. Aus Kleinasien kamen nach dem Fall Konstantinopels im Jahr 1453 viele Künstler, Gelehrte und Aristokraten, und Réthimno erlebte eine kulturelle Blütezeit. Einige wanderten später aus und machten die kretische Kultur auch außerhalb des Landes bekannt. Heute finden in den Sommermonaten viele Festivals statt. Ganz im Zeichen der Kultur steht die charmante Stadt beim jährlich stattfindenden Renaissance-Festival zwischen Juli und September, wenn zahlreiche Theateraufführungen und Konzerte stattfinden. Im Museum für Zeitgenössische Kunst kommen ganzjährig Kunstinteressierte auf ihre Kosten. Das Museum besitzt etwa 650 Werke griechischer Künstler, überwiegend aus der zweiten Hälfte des 20. Jahrhunderts. Ständig ausgestellt werden Aquarelle, Zeichnungen und Ölgemälde des Rethymnioten Leftéris Kanakákis (1934–1985). In Wechselausstellungen werden Werke griechischer und internationaler Künstler gezeigt. Ein weiteres wichtiges Ereignis, zu dem jedes Jahr Kreter von der ganzen Insel anreisen, ist der landesweit bekannte Karneval. Seit 1993 findet auf der langen Odós Koundouriótou am griechischen Karnevalssonntag der größte Karnevalsumzug Kretas mit Tausenden Teilnehmern, farbenfrohen Kostümen und viel Musik statt. Für kulinarische Erlebnisse sorgt das etwa einwöchige Cretan Diet Festival Anfang Juli im Stadtpark. Zahlreiche Aussteller präsentieren dort regionale Produkte, Besucher können viele kretische Leckereien und die Weine der Insel probieren. Parallel finden Workshops für kretisches Kunsthandwerk sowie Konzerte statt.

Auf den Spuren der Vergangenheit

Auf einem Hügel an der Spitze der Halbinsel ragt herrschaftlich die Festung Fortezza der Venezianer auf und begeistert mit einem fantastischen Blick über die Dächer der Altstadt,

↖ Am Abend wirkt der venezianische Hafen von Réthimno mit den unzähligen Tischen und Stühlen wie eine große lebhafte Freilufttaverne.
↗ Der venezianische Rimóndi-Brunnen ist bis heute in Betrieb.

↑ In den autofreien Gassen der Altstadt hat man zahlreiche uralte Bauten zu stilvollen Unterkünften umfunktioniert. Flanieren lohnt sich nicht nur wegen der Läden, sondern auch wegen der hübschen architektonischen Details.
→ In der Moschee Sultan Ibrahim Han in der Festung Fortezza lohnt sich ein Blick nach oben: Das ansonsten schlichte Gotteshaus imponiert mit seiner Mosaikkuppel.

den Hafen und die Ägäis. Im Inneren finden im Sommer zahlreiche kulturelle Veranstaltungen wie Theater- und Musikaufführungen statt. Mit dem Bau der Burg und einer Stadtmauer begann man 1573. Damals mussten Einheimische für die notwendige finanzielle Unterstützung sorgen. Die mächtigen Mauern sollten als Schutz vor den gefürchteten Türken dienen. Vollständig errichtet war die Festung erst 1587. Im Jahr 1646 belagerten die Osmanen die Stadt, und die Festung konnte die sich dorthin zurückgezogenen Bewohner der Stadt nur 23 Tage lang schützen. Gleich nach der Eroberung zerstörten die Osmanen eine venezianische Kathedrale im Festungsinneren und bauten die Moschee Sultan Ibrahim Han mit ihrer markanten Kuppel. Zu sehen sind auch die Überreste einer Kapelle und einiger Zisternen. Lohnenswert ist auch der Besuch der Ausstellung des Archäologischen Museums in der einstigen Kirche San Francesco mit Exponaten von der Steinzeit bis zur venezianischen Epoche auch von der älteren Geschichte der Stadt und der Region. Aus der minoischen Zeit hat man im heutigen Stadtgebiet nur ein Felsengrab in einem südlichen Stadtviertel entdecken können. Die ausgestellten Funde aus dieser Zeit wie Keramikobjekte oder die acht kunstvoll mit Tieren und Jagdszenen bemalten Sarkophage stammen aus Nekropolen und Gipfelheiligtümern der Umgebung. Auch von der hellenistischen Siedlung Ríthymna ist im heutigen Réthimno nichts mehr zu erkennen. Aus der Antike stammen allerdings die römischen Marmorstatuen.

Inmitten historischer Bausubstanz

Die Gassen der Altstadt lohnen mit Tavernen, Cafés, Bars und vielen Läden für jeden Geschmack sowohl tagsüber als auch am Abend einen Bummel. Während man bei Tag viele hübsche Details an den historischen Hausfassaden erkennen kann, schafft die stimmungsvolle Beleuchtung am Abend eine besonders attraktive Atmosphäre. Knotenpunkt der Altstadt ist die Platía Petichâki mit ihren Cafés und dem wohl bekanntesten venezianischen Monument von Réthimno, dem Rimondi-Brunnen. Der Brunnen, 1626 vom damaligen venezianischen Statthalter Alvise Rimondi gestiftet, weist drei wasserspeiende Löwenköpfe und vier Säulen mit korinthischen Kapitellen auf. Er versorgte Réthimno in venezianischer Zeit mit Trinkwasser.
Von der Platía Petichâki zweigen mehrere Gassen in jegliche Richtung ab. Östlich geht es über die Odós Paleológou zum venezianischen Hafen, zur Neustadt oder zur Einkaufsstraße Odós Arkadíou mit Mode- und Schuhläden. An der Ecke Odós Paleológou/Odós Arkadíou lohnt ein Blick in die Loggia, die um 1600 errichtet wurde.
Im einst als Treffpunkt des venezianischen Adels erbauten Gebäude ist ein Museumsshop des Kulturministeriums untergebracht, in dem man originalgetreue Nachbildungen historischer Funde erstehen kann. Gen Süden leitet die Odós Ethnikís Antistáseos vom Rimondi-Brunnen durch den einzigen erhaltenen Teil der venezianischen Stadtmauer, der Megáli Pórta, aus der Altstadt hinaus zum Vier-Märtyrer-Platz. Westlich dieser Einkaufsstraße lockt das Gassenlabyrinth der Altstadt zum Erkundungsbummel zwischen historischen Hausfassaden. Besonders viele alte, zwei- und dreistöckige Häuser sind in der Odós Nikifórou Foká erhalten.

Sehens- und erlebenswert: Odós Vernárdou

Von der Odós Ethnikís Antistáseos lohnt außerdem ein Abstecher in die abzweigende Odós Vernárdou, die sich am Abend mit den sich aneinanderreihenden *rakádika* zum stimmungsvollen Treff der Einheimischen wandelt. Zum Ráki, Bier oder Wein bestellen die meist jungen Leute kretische *mezédes*, rauchen in einigen der Lokale Wasserpfeifen und hören dazu griechische oder kretische Musik.
Tagsüber, wenn die Rakí-Lokale noch geschlossen sind, locken ein paar andere Sehenswürdigkeiten Besucher in diese Straße. Gleich am Anfang links steht ein Gebäude mit drei auffälligen Kuppeln, das im 16. Jahrhundert als römisch-katholische Augustinerkirche erbaut und nach 1657 von den Osmanen als Moschee genutzt wurde. Heute ist in der Nerantzés-Moschee die Musikschule *(odeíon)* der Stadt untergebracht. Der ehemalige Betsaal wird als Konzertsaal genutzt. Das 1890 angefügte Minarett ist schon seit einigen Jahren baufällig.

Wenige Meter weiter befindet sich in einem venezianischen Palast aus dem 17. Jahrhundert das recht große Historische und Volkskundliche Museum. Anhand von Kunsthandwerk, vielen Webarbeiten, Trachten, landwirtschaftlichem Gerät und vielem mehr wird die Lebensweise des 18. und 19. Jahrhunderts gezeigt. Von traditioneller Handarbeit zeugt außerdem die Backstube eines der letzten Blätterteigbäcker Kretas im Haus nebenan. Seit über 60 Jahren wirft Geórgios Chatziparáschos täglich kleine Teigpakete in die Luft, wo sie sich langsam entfalten. Auf seinen großen Arbeitsplatten dehnt er den immer dünner werdenden Teig kunstvoll aus. Seine Frau backt daraus dann köstlichen *baklavá*. Das kleine, äußerst süße, in Zuckersirup getränkte Blätterteiggebäck mit Mandel-Walnuss-Pistazien-Füllung lässt Naschkatzenherzen höherschlagen.

↑ Die Festung Fortezza thront über der Stadt.
↗ Wer einkaufen möchte, ist in Réthimnos Altstadt genau richtig.
→ Auch Kinder wissen sich in Réthimno zu beschäftigen.

Erinnerungen an die osmanische Zeit

Interessant kann in Réthimno auch ein Spaziergang außerhalb der Altstadt sein. Wer die verwinkelten historischen Gassen durch die Megáli Pórta verlässt, steht auf dem Vier-Märtyrer-Platz (Platía Tessáron Martíron). Er liegt an der langen Odós Koundouriótou, die von Läden für den Bedarf der Einheimischen gesäumt ist und die romantische Altstadt von der verkehrsreichen Neustadt trennt. Die Kirche Tessáron Martíron birgt Fresken im byzantinischen Stil und die Reliquien dreier Märtyrer, die während der osmanischen Herrschaft offiziell zum Islam konvertierten, aber heimlich Christen blieben. Als die Türken davon erfuhren, erhängten sie die vier Männer an den Platanen auf dem heutigen Kirchplatz. Auch das Denkmal von Kóstas Giamboudákis gegenüber zeugt vom Widerstand gegen die Türken. Giamboudákis gilt als Held, weil er im Jahr 1866 im Kloster Arkádi Hunderte Kreter und sich selbst in die Luft sprengte, um nicht in die Hände der Osmanen zu fallen. Die aus der Altstadt emporragenden Minarette der Valide-Sultan-Moschee und der kleinen Kara-Moussa-Pascha-Moschee wirken hingegen wie ein Symbol dafür, dass etliche kretische und türkische Bürger lange auch harmonisch nebeneinander lebten.

INFO

MIT LIEBE ZUM DETAIL

Erfahrung, exzellenter Service und sieben luxuriöse Suiten zeichnen das Avli aus, eines der besten Altstadthotels Kretas. Die mit Naturmaterialien ausgestatteten Suiten versprechen entspannte Urlaubstage. Besitzerin Katerína Xekálou und ihr Team kümmern sich aber nicht nur in den Avli Lounge Apartments ausgezeichnet um ihre Gäste. Viel Liebe zum Detail steckt auch in den fünf etwas kleineren Candy Suites in einem über 500 Jahre alten Gebäude. Im romantischen Innenhof des Restaurants Avli werden nicht nur Hotelgäste mit exzellenten kretischen Gerichten und einer großen Weinauswahl verwöhnt. Wer lieber typisch kretische *mezédes* in hübschem Ambiente mit offener Küche probieren möchte, ist im 1600 Rakí Baráki gegenüber gut aufgehoben. Dieses gehört ebenfalls zur Avli-Familie.

WEITERE INFORMATIONEN

Offizielle Website der Stadt:
www.rethymno.guide
Avli: www.avli.gr

KUNST UND KUNSTHANDWERK: TRADITIONEN NEU INTERPRETIERT

Künstler und Kunsthandwerker trotzen auf Kreta häufig dem Zahn der Zeit und der Technologie. Wer ihnen bei der Arbeit zusehen möchte, braucht nur etwas durch die Dörfer oder die Gassen der Städte zu streifen. Sicherlich sind in der einen oder anderen Werkstatt interessante Souvenirs zu finden.

Sowohl das Leben in Abgeschiedenheit auf der Insel als auch diverse historische Gegebenheiten führten dazu, Kretas Autonomie unter Beweis stellen zu müssen. Das kretische Kunsthandwerk zeugt daher sowohl von einstiger Notwendigkeit als auch von langer künstlerischer Tradition. Seine Ursprünge gehen teilweise bis in die minoische Zeit zurück. Aber auch der Einfluss fremder Kulturen, die einiges andere im Leben der Kreter verändert haben, spielte eine Rolle.

Sehr viel traditionelle Handarbeit war bis in die 1990er-Jahre üblich. Dann wurde sie immer öfter durch (importierte) maschinengefertigte Waren ersetzt. Heute hat man auf Kreta

wieder die Möglichkeit, vielen Kunsthandwerkern über die Schulter zu schauen und traditionelle oder moderne kreative Erzeugnisse zu erstehen. Während einige Künstler seit Jahrzehnten die Familientradition weiterführen, haben sich andere vor allem in den Jahren der Wirtschaftskrise neu erfunden und sich bei ihrer Neuorientierung an Altbewährtes gewagt. Sie sind dem Trend zurück zur Handarbeit und den Ansprüchen an gute Qualität gefolgt.

Instrumente, Messer, Stiefel

Spannend ist beispielsweise die Arbeit der Instrumentenbauer, die in Zarós, Vóri, Réthimno und Chaniá ansässig sind und eine jahrhundertealte Tradition fortführen. Gebaut werden dort vor allem typisch kretische Instrumente wie Lyra, Laute und Mandoline. Inseltypisch ist zudem die Messerschmiedekunst. Denn so gut wie jeder Kreter besitzt eins der berühmten Messer, auf deren Klinge die kretischen Reimpaare *mantinádes* eingeritzt werden. Die meisten Messerschmiede findet man in Chaniá. Typisch kretisch und wohl kaum woanders erhältlich sind die handgemachten *stivánia*, die man in Iráklio, Chaniá oder Agía Varvára bekommt. Die maßangefertigten Lederstiefel für Männer verdanken ihren Namen vermutlich dem italienischen Wort *stivale* für Stiefel. Getragen werden sie bei besonderen Anlässen wie Hochzeiten zur kretischen Tracht oder im Alltag von Schafhirten.

↑ Die Damen in Anógia haben ein gutes Auge auf die feilgebotene Ware.
← Schlichtes handgemachtes Schuhwerk ist auf Kreta keine Seltenheit.

Zeitlose Webarbeiten

Originell verändert haben sich in den vergangenen Jahren die kretischen Webarbeiten. Denn neben den Frauenkooperativen in Bergdörfern wie Anógia, Zarós oder Viánnos und den Nonnen in Klöstern, die sich dem Erhalt traditioneller Textilarbeit widmen, finden auch junge Frauen wieder zur Handarbeit zurück. Die uralten Techniken und Muster, die ihre Anfänge teilweise bei den Minoern haben, lernen sie bei den älteren Frauen, die früher fast alle einen Webstuhl zuhause hatten. Die Kreationen der jungen Generation werden an die heutigen Bedürfnisse angepasst und mit modernen Designs kombiniert. Und obwohl man auch jetzt noch ab und zu auf traditionelle Decken, Teppiche und Rucksäcke aus Schaf- und Baumwolle oder bestickte Tischdecken und Tücher trifft, setzen die jungen Weberinnen auf ausgefallene Handtaschen, Laptop-Taschen, Strandtücher und Kleidung. Häufig werden dafür auch traditionelle geometrische Muster oder Naturmotive verwendet wie im Kloster Thimianís in Violí Charáki bei Réthimno.

Alte und neue Töpferkunst

Nur wenige Töpfer fertigen auf Kreta bis heute die sogenannten *píthi* an, in denen Olivenöl, Getreide und andere landwirtschaftliche Erzeugnisse aufbewahrt werden. Außer diesen meist sehr schweren, traditionellen Gefäßen, die Archäologen in dieser Form auch in den minoischen Palästen der Insel gefunden haben, wird inzwischen besonders viel Dekorations- und Gebrauchskeramik produziert. Die kleinen Kunstwerke, die es in traditioneller Form ebenso häufig gibt wie in modernem Design, eignen sich hervorragend als Mitbringsel und sind in den vielen Töpferwerkstätten von Thrapsanó und Margarítes erhältlich. Die dort ansässigen Künstler produzieren ihre Waren mit Ton aus der Region und bieten Interessierten manchmal auch Workshops an. Wer übrigens gerne einmal sehen möchte, was die heutigen Kunsthandwerker aus früheren Zeiten bewahrt haben, kann uralte Textilarbeiten, Keramik und Schmuck sowie weitere Handarbeiten in vielen Museen der Insel bestaunen, so auch im Landwirtschaftlichen Museum von Piskopianó.

HISTORIE – KLOSTER ARKÁDI UND MARGARÍTES

Kein anderes kretisches Kloster ist in Griechenland so bekannt wie die einsam im bergigen Hinterland von Réthimno weilende Moní Arkádi. Für die Kreter ist es ein Sinnbild für den Widerstandskampf gegen die Türkenherrschaft. Im nahe gelegenen, recht ursprünglich gebliebenen Dorf Margarítes führt man bis heute die traditionelle Töpferkunst fort, die das Leben der Einheimischen seit Jahrhunderten prägt.

Schon in der Schule erfahren alle griechischen Kinder viel über die dramatischen Ereignisse im Kloster Arkádi zur Zeit der Osmanen im 19. Jahrhundert. Obwohl die wehrhaften Mauern des Klosters Hunderte Menschen schützen sollten, als 200 kretische Rebellen versuchten, gegen 2000 türkische Soldaten zu kämpfen, endete dies mit ihrem Tod. Der Massenselbstmord, der 964 Menschenleben forderte, darunter zwei Drittel Kinder und Frauen, sollte 1866 zum

↙ Moní Arkádi ist das meistfotografierte Kloster Kretas.

Befreiungskampf gegen die osmanischen Herrscher beitragen. Heute ist Arkádi eines der meistbesuchten Klöster Kretas und gilt als Nationalheiligtum.

Freiheit oder Tod

Das abgelegene Kloster Arkádi wirkt mit den hohen Mauern auch heute noch kampfbereit. Sein tragisches Kapitel begann am 1. Mai 1866, als sich dort kretische Rebellen von der ganzen Insel trafen, um einen Aufstand gegen die Osmanen zu planen. Trotz Bedenken der griechischen Armee versuchte der Abt des Klosters Hunderte Menschen im Konvent zu verstecken und zu schützen. Im November des gleichen Jahres machten sich 2000 osmanische Soldaten auf den Weg zum Kloster. Um den Fremdherrschern irgendwie zu entkommen, verschanzten sich 300 Familienväter mit ihren Frauen und Kindern im Pulvermagazin. Als die Türken das Magazin erreichten, sprengte der bis heute als Nationalheld gefeierte Kóstas Giamboudákis alle Kreter in die Luft. Sie sahen den Tod als einzigen Ausweg, um nicht in die Hände der Osmanen zu fallen. Obwohl der tragische Massenselbstmord damals die ganze westliche Welt bewegte und Hilfe im Freiheitskampf gegen die Osmanen gefordert wurde, mischte man sich dennoch nicht ein.

Über den heute recht friedvoll wirkenden, blumenreichen Klosterhof kommt man zum alten Pulvermagazin ohne Dach – es erinnert als Denkmal an das tragische Schicksal der Opfer. In einer restaurierten Windmühle gegenüber dem Klostereingang werden die Gebeine und Schädel der Opfer aufbewahrt. Die Klostermauern und die Kirche von 1587 mit ihrer reich verzierten Renaissancefassade wurden restauriert. Außer dem Pulvermagazin erinnert ein altes Geschoss in einer Zypresse links neben der Kirche bis heute an die Türken. Außerdem werden im Museum Exponate gezeigt, die vom Widerstandskampf erzählen.

Handgemachte Souvenirs

Die Töpferkunst ist im Dorf Margarítes, etwa 15 Kilometer nordöstlich von Arkádi, seit Jahrhunderten Hauptbeschäftigung der Bewohner und eine ihrer wichtigsten Einnahmequellen. Während man in den letzten Jahrhunderten vor allem die großen Aufbewahrungsgefäße aus Ton, sogenannte *píthoi*, herstellte, konzentrieren sich die ortsansässigen Töpfer heute überwiegend auf traditionelle und originelle Gebrauchskeramik und Deko-Objekte. Sucht man ein hübsches inseltypisches Souvenir, wird man in den kleinen Geschäften von Margarítes schnell fündig. Interessante, überwiegend traditionelle Dekorations- und Gebrauchskeramik fertigt Kóstas Gállios in seinem Atelier Ceramic Art. Seine handgearbeiteten Objekte wie Amphoren in jeglichen Größen, Öllampen, Schalen, Töpfe oder Kannen, die er meist in Anlehnung an minoische und hellenistische Funde fertigt, bestehen aus Ton der Region. Modernere Keramikartikel aus Ton der Gegend stellt Giórgos Dalamvélas seit 1996 in seiner Töpferei Keramíon her. Aus dem einmal gebrannten Ton ohne Glasur versteht er es, traditionelle Keramikware mit modernem Touch zu kreieren. Interessierte können ihm bei der Arbeit manchmal über die Schulter schauen oder an Seminaren teilnehmen.

INFO

ÜBERRESTE EINER DORISCHEN STADT

Auf der Strecke zwischen dem Kloster Arkádi und Margarítes kommen Archäologie-Fans auf ihre Kosten. Verstreut liegen in herrlicher Hügellandschaft unterhalb des winzigen Dorfs Eléftherna die Reste der im 8. Jahrhundert v. Chr. gegründeten Stadt Archéa Eléftherna. Von Arkádi kommend lohnt ein Halt bei der Ausgrabung Orthí Pétra. Vom Dorfplatz Eléfthernas führt ein Weg zur Akropolis der antiken Stadt. Sehen kann man außerdem sechs in den Fels gehauene Zisternen, die Reste eines antiken Heiligtums und das antike Stadtzentrum. Ein Muss ist der Besuch des äußerst modernen Archäologischen Museums, in dem die Funde aus der Region in wechselnden Ausstellungen gezeigt werden.

WEITERE INFORMATIONEN

Kloster Arkádi: www.arkadimonastery.gr
Museum Antikes Eléftherna: http://mae.com.gr
Töpferei Keramíon: www.keramion.gr

31

DAS BERÜHMTESTE BERGDORF DER INSEL

TRADITION, MUSIK UND SCHAFZUCHT – ANÓGIA

Uralte Traditionen in Musik und Kunsthandwerk sowie die Schafzucht und der starke Zusammenhalt der Bewohner scheinen in einem der bekanntesten Dörfer des Landes der Zeit zu trotzen. Anógia ist trotz touristischen Andrangs ländlich und authentisch geblieben. Wer das große Dorf besucht, erlebt nicht nur Ursprünglichkeit, sondern kann originelle Museen und eine Tropfsteinhöhle in der Nähe besuchen.

Anógia liegt am Hang von Kretas höchstem Berg, dem 2456 Meter hohen Psiloritis, und ist stark durch die Vergangenheit und die traditionsbewussten Dorfbewohner geprägt. Für Kreter ist Anógia mit dem schneebedeckten Psiloritis-Gebirge sowohl im Sommer als auch im Winter ein beliebtes Ausflugsziel. Die Besucher wohnen in einfachen Pensionen im Ort oder außerhalb im komfortablen Delína Mountain Resort. Die Einheimischen leben vorwiegend von der Schaf- und Ziegenzucht, den regionalen Milchprodukten und vom Tourismus. Freunde einsamer Landschaften können von Anógia einen Ausflug zur etwa 20 Kilometer entfernten Nída-Hochebene unternehmen, wo im Sommer die Herden der Hirten weiden. Ist man an einem Sommerwochenende im Ort unterwegs, trifft man mit etwas Glück auf eine der bekannten, traditionellen Dorf-Hochzeiten mit Tausenden Gästen. Stolz ist man in Anógia nicht nur auf

← In den *kafenía* rund um den unteren Dorfplatz kann man beim Rakí schnell die Zeit vergessen.

die erhaltene Gastfreundschaft und die Lebensfreude, sondern auch auf die zahlreichen, aus dem Dorf stammenden kretischen Volksmusikanten.

Im Zeichen der Geschichte

Der Grund für das Festhalten an Sitten und Bräuchen sowie für den Zusammenhalt ist die Geschichte des Dorfs: Anógia wurde in seiner Geschichte dreimal – 1822, 1867 und 1944 – völlig zerstört, was man gut am fast vollständig neu erbauten oberen Dorfteil sieht. Im Zweiten Weltkrieg rechtfertigten deutsche Truppen die gänzliche Niederbrennung von Anógia und die Ermordung aller Männer im Umkreis von einem Kilometer mit der Entführung des deutschen Generals Kreipe nach Ägypten zum britischen Feind. Am Rathausplatz erinnert ein Denkmal an die Ereignisse in diesem Krieg. Auf den Seiten eines aufgeschlagenen Buchs aus Stein ist der den Bewohnern im Mai 1946 verliehene Tapferkeitsorden sowie die Anordnung des deutschen Generals Friedrich Wilhelm Müller, Anógia zu zerstören, zu sehen.

Wichtige Treffpunkte: die Dorfplätze

Die Dorfplätze von Anógia und die Gassen drum herum sind nicht nur Festplätze für die Hochzeiten. Sie spielen auch im Alltag der Einheimischen und für die Besucher eine wichtige Rolle. Am oberen Dorfplatz Meintáni mit der Kirche Ágios Geórgios, die mit neuen Wandmalereien im traditionellen Stil ausgemalt ist, stehen die Tische und Stühle der *kafenía*, die beliebte Treffpunkte von Jung und Alt sind. Ebenso gerne trifft man sich im Oberdorf auch in den traditionellen Tavernen, die von Städtern vor allem wegen der guten Grillgerichte besucht werden.

Der schönere und ursprünglichere Teil von Anógia ist das untere Viertel Perachóri. Wie im Oberdorf wird die Platía dieses Viertels von *kafenía* gesäumt. Dort sitzen jedoch meist mehr Männer in traditioneller Kleidung. Sie tragen oft schwarze Hemden, die beige-braune oder schwarze Pumphose *kilóta*, die inseltypischen Lederstiefel und das schwarze Fransenkopftuch *saríki*. Das *saríki* und viele andere Strick-, Häkel- und Webarbeiten verkaufen die Dorffrauen in den Souvenirläden rund um den Platz. Eine Rast zum Kaffee oder Rakí lohnt im alteingesessenen »Platía tou Syntágmatos«, von wo man gut das Dorftreiben beobachten kann. Gleich gegenüber erinnert ein kleines Museum im Geburtshaus von Níkos Xiloúris (1937–1980) an den bedeutendsten kretischen Lyra-Spieler. Von der Platía aus ist ein weiteres Museum ausgeschildert, in dem der Sohn des Bildhauers und Malers Alkibiádis Skoulás dessen naive Werke präsentiert. Der Autodidakt, der erst mit etwa 70 Jahren mit der Malerei begann, verwendete für seine Bilder, die größtenteils die Geschichte Anógias zeigen, auffällige Farben. Geórgios Skoulás spielt für Besucher gerne auf seiner Lyra, zeigt stolz diverse Zeitungsartikel über ihn und das Museum und freut sich natürlich über eine kleine Spende.

INFO

SEHENSWERTES IN DEN NACHBARDÖRFERN

Von der Originalität der Kreter zeugen in Zonianá und Axós zwei Museen, die auf außergewöhnliche Art von der kretischen Geschichte erzählen. Im Wachsfiguren-Museum in Zonianá hat Dionísis Potamianós, inspiriert vom Wachsfigurenkabinett Madame Tussauds, über 100 Wachsfiguren hergestellt. Eindrucksvoll ist auch das Holzskulpturen-Museum von Giórgis Koutántos in Axós. Aus Holz der Insel fertigt der Künstler riesige Skulpturen, die Kretas Natur und Kultur thematisieren. Wer in der Gegend unterwegs ist, sollte auch die Tropfsteinhöhle Melidóni besuchen. In der heute wunderschön beleuchteten Höhle versteckten sich im Jahr 1824, also während des Freiheitskampfs gegen die Osmanen, Hunderte Kreter. Die Osmanen entzündeten ein Feuer und die Kreter erstickten.

WEITERE INFORMATIONEN

Holzskulpturen-Museum: www.woodenmuseum.gr

Melidóni-Höhle: www.melidoni.gr

IM OSTEN DES SCHROFFEN PSILORÍTIS – AMÁRI-TAL

Zwischen den rauen Bergwelten des Psilorítis und des Kédros erstreckt sich das grüne Amári-Tal. Noch wird die abgelegene Ebene nur selten von Touristen angesteuert, sodass die kleinen Dörfer sich weiterhin durch Stille und Ursprünglichkeit auszeichnen. In unberührter Natur warten verstreut liegende Kapellen aus byzantinischer Zeit sowie minoische und antike Zeugnisse auf die Erkundung.

Das Amári-Tal mit seinen rund 40 charmanten Dörfern lässt sich gut auf einem Tagesausflug erkunden. Es begeistert nicht nur mit traditionellen Dörfern, sondern besonders mit unberührter Natur. Zahlreiche das Tal durchlaufende Flüsse und zwei Stauseen sorgen für ausreichend Wasser, das für die Mandel-, Birnen-, Apfel-, Kirsch- und Olivenbäume nötig ist.
Von der Nordküste ist das Amári-Tal gut über das Dorf Prassiés zu erreichen. Auf dem Weg passiert man den zwischen Hügeln eingebetteten, recht neuen Stausee Amaríou, der genügend Wasser für das weitläufige Ackerland des Tals speichert. Von hier lohnt nicht nur für Naturliebhaber ein Abstecher zur üppig grünen Ágios-Antónios-Schlucht mit der bei kretischen Familien besonders beliebten Landtaverne Drímos mit Spielplatz und kleinem Zoo. Ein Pfad führt Entdecker von dort durch die von endemischen Wildblumen und Platanen bewachsene wildromantische Schlucht.

Kleine Dörfer, uralte Kapellen und ein Kloster

Einen ersten Einblick in das Leben im Amári-Tal verspricht die Gegend um die drei Dörfer Thrónos, Méronas und Amári. Auf 620 Metern Höhe liegt das üppig grüne Méronas mit großen Platanen, dort entspringenden Quellen und

↑ Das Dorf Spíli lohnt in jedem Fall eine kurze Rast gegenüber dem markanten Brunnen.
↙ Die ursprünglichen Dörfer im Amári-Tal liegen friedlich umgeben von reizvoller Landschaft zu Füßen des Psiloritis.

einem fantastischen Talblick. An der Hauptstraße lohnt ein Blick in die Panagía-Kirche aus dem 14. Jahrhundert mit dem reich verzierten Eingang. Eine schöne Aussicht eröffnet sich auch vom Hügel Kefála oberhalb von Thrónos, auf den man in zehn Minuten hochmarschieren kann. Dort liegen die spärlichen Reste von Häusern und einer Befestigungsmauer der antiken Siedlung Sívritos, die ihre Blütezeit in römischer Zeit erlebte. Im Zentrum des winzigen Dorfs steht die Kirche Panagía. Sie wurde auf den Grundmauern einer frühchristlichen Basilika erbaut und birgt Fresken aus dem 14. Jahrhundert. Von Thrónos führt die Weiterfahrt ins winzige 200-Seelen-Dorf Amári, dem das Tal seinen Namen verdankt. Die Glocke der Dorfkirche soll aus venezianischer Zeit stammen. Älter ist das im Olivenhain am nördlichen Dorfrand stehende Kirchlein Agía Ánna von 1196 mit Freskenresten aus dem 13. Jahrhundert. Begleitet von Thymian-Duft führt der Weg zur bekanntesten Sehenswürdigkeit des Tals, durch Platanen und Olivenhaine. Die mit roten Ziegelsteinen bedeckte Kirche der Moní Asomáton ist den Erzengeln Michael, Gabriel und Raphael geweiht und birgt Ikonen, die von Adam und Eva erzählen. Das Kloster wurde 1927 von den Mönchen verlassen. In den ehemaligen Klosterräumen, die inzwischen verfallen sind, wurde damals eine Landwirtschaftsschule untergebracht. Die verfallenen Gebäude werden inzwischen restauriert. Sie sollen in Zukunft wieder der Wissenschaft dienen. Wer entlang der Psilorítis-Hänge gen Süden fährt, passiert eine Eukalyptus-Allee, Olivenbäume und Weinreben sowie das Dorf Vizári. Weiter geht es nach Apodoúlou, wo ein spätminoisches Rundgrab und eine Siedlung der Minoer freigelegt wurden.

Beliebter Halt im Bergdorf

Das Bergdorf Spíli liegt an der Hauptverbindungsstraße zwischen der Südküste und Réthimno und ist eine gute Alternative für die Anfahrt zum Amári-Tal. Das Highlight im wasserreichen Dorf ist ein venezianischer Brunnen mit 25 restaurierten, Wasser speienden Löwenköpfen. Gegenüber laden Cafés zu einer Rast ein. In den Gassen des großen Dorfs führen Schilder zu einem kleinen, tagsüber geöffneten Museum. In einem hübsch restaurierten Dorfhaus hat der Kulturverein der Frauen ein kleines Folkloremuseum eröffnet, in dem zahlreiche handwerkliche und landwirtschaftliche Geräte sowie Objekte aus einem traditionellen kretischen Haushalt ausgestellt werden.

INFO

EIN INTERESSANTER ABSTECHER
Nicht nur auf dem Weg ins Amári-Tal, sondern auch für alle, die in der Umgebung von Réthimno an der Nordküste unterwegs sind, lohnt ein Abstecher und ein charmanter Spaziergang durch das festungsartig erbaute Dorf Maroulás. Das auf einem Hügel erbaute idyllische Örtchen wurde von wohlhabenden Venezianern und Osmanen aufgrund des herrlichen Blicks auf die Küste als Landsitz genutzt. Mittlerweile wurden einige der uralten Häuser unter Denkmalschutz gestellt und liebevoll restauriert. Bei einem Bummel kann man die Bausubstanz bewundern. Erhalten sind eine venezianische Hausburg aus dem 16. Jahrhundert, ein Wachturm, eine alte Olivenölfabrik sowie Brunnen und ein Hamam aus osmanischer Zeit. Gegenüber vom Hauptplatz lohnt ein Blick in den Kräuterladen von Marianna, die Tees, Extrakte, Öle sowie Salben selbst herstellt.

WEITERE INFORMATIONEN
Amári: www.discoveramari.com

Im kleinen Ortskern mit drei Hauptgassen, den Tavernen und Cafés mit ihren Dachterrassen treffen sich Urlauber zum geselligen Ausspannen. In Agía Galíni sind alle gut aufgehoben, die gerne unter Menschen sind.

33

HIER HOBEN DÄDALUS UND IKARUS AB

FERIENORT AN DER SÜDKÜSTE – AGÍA GALÍNI

Agía Galíni ist seit Jahren fester Bestandteil deutscher Reisekataloge und zählt viele Stammgäste. Ideal für alle, die gerne zu Fuß unterwegs sind, ist der kleine autofreie Ortskern mit seinen Tavernen, Cafés und Bars. Strände findet man nicht nur im Ort, sondern auch in zahlreichen Buchten drum herum.

Bereits in den 1970er-Jahren öffnete sich der kleine Küstenort am Libyschen Meer fremden Gästen. Seitdem wächst Agía Galíni mit Häusern und kleinen Hotels, die den Hügel hinaufklettern, stetig weiter, ohne seine charmante Atmosphäre zu verlieren. Am Theater oberhalb des modernen Hafens, von dem täglich Ausflugsboote zu nahe gelegenen Stränden starten, werden im Sommer Konzerte und Vorführungen veranstaltet. Auffällig sind die dort auf der Anhöhe wachenden modernen Skulpturen von Dädalus und Ikarus, die von einem bekannten Mythos erzählen. Vom Felsplateau, auf dem sie stehen, sollen der erfinderische Dädalus und sein Sohn Ikarus mit Flügeln aus mit Wachs zusammengeklebten Federn zum ersten Flug der Menschheitsgeschichte gestartet sein. Da sich der junge Ikarus voller Enthusiasmus zu sehr der Sonne näherte, schmolz das Wachs, und er stürzte ins Meer. Dädalus hingegen schaffte es bis nach Sizilien.

Strände, Sonne und Meer

Östlich des Fischerhafens führt eine gepflasterte Promenade zum kiesigen Ortsstrand, der durch den dort ins Meer mündenden Fluss Platís zweigeteilt wird. Das kalte Flusswasser sorgt auch im Hochsommer für erfrischend kühle Badeerlebnisse. Hinter dem Ortsstrand reihen sich die neueren Tavernen, Pensionen und Hotels aneinander. Sowohl mit dem Auto als auch per Ausflugsboot kann man in der Umgebung weitere Strände besuchen. Zu den bekanntesten gehören der Grobsandstrand Ágios Pávlos und der kleine Strand Triópetra.

Der sich vor den neueren Unterkünften östlich des Ortskerns erstreckende, lange Sandstrand wird an seinem südlichen Ende von einer etwa 40 Meter hohen Kalkstein-Felswand begrenzt, die gerne von Kletterern erklommen wird.

34

IDEAL FÜR FAULENZER UND SPORTLER

GEMÜTLICHE URLAUBSTAGE AM MEER – PLAKIÁS

Der vorwiegend bei Individualurlaubern und Backpackern beliebte Badeort am Libyschen Meer verspricht behagliche Urlaubstage am Strand und ein umfangreiches Angebot an Aktivitäten wie Tauchen, Wandern oder Radfahren. In winzigen Dörfern im Hinterland findet man originelle, einzigartige Mitbringsel.

Obwohl sich das lebhafte Küstenortchen Plakiás mittlerweile dem Pauschaltourismus geöffnet hat, verbleibt es dank der harmonisch in die Landschaft eingebetteten und recht kleinen Hotels weiterhin ziemlich gemütlich. Die meisten alteingesessenen Pensionen und Tavernen sowie Souvenirläden von Plakiás befinden sich im kleinen Ortskern. Westlich davon erstreckt sich der 150 Meter lange, künstlich aufgeschüttete Sandstrand Skínos mit einigen Schatten spendenden Tamarisken. Der lebhafte 180-Seelen-Ort entzückt mit der beschaulichen Atmosphäre, aber auch mit einem vielseitigen Angebot an Aktivitäten.

Gute Basis für Unternehmungslustige

Täglich wechselnde Ausflüge zu archäologischen Stätten, in andere Regionen Kretas sowie Wanderungen, Spaziergänge oder Fluss-Safaris bietet das engagierte Reisebüro ANSO Travel an. Auch werden dort Fahrräder vermietet. In Plakiás ist außerdem eine der ältesten Tauchbasen Kretas ansässig. Reiter-Fans kommen im Plakias Horse Riding Center im Nachbardorf Damnóni mit Pferden, Ponys und Eseln auf ihre Kosten. Für alle, die gerne etwas auf eigene Faust unternehmen, sind die ausgeschilderten Wanderwege interessant, die durch Olivenhaine an den Hängen im Hinterland in die kleinen Bergdörfer Selliá und Mírthios führen. Sowohl in diesen Orten als auch im Dörfchen Marioú begeistern vor allem die Tavernen, die mit köstlichem Essen und atemberaubender Aussicht auf das Libysche Meer begeistern.

www.plakias-kreta.de

→ Im Hinterland von Réhimno findet man ganz sicher ein romantisches Fleckchen zum Sonnenuntergang, etwa in der Umgebung von Argiroúpoli.
↑ Maroulás lädt mit seiner hübschen Bausubstanz zu Spaziergängen ein.
← Stilvolle kleine Hotels versprechen in der Stadt und in der gesamten Provinz erholsame Urlaubstage.

PALMENSCHLUCHT UND KLÖSTER – PRÉVELI

In einer markanten Rechtskurve mündet der durch die Kourtaliótiko-Schlucht fließende Fluss Megalopotamós am bekannten Strand von Préveli ins Libysche Meer. An seinem Ende fließt er durch den zweitgrößten Palmenhain Kretas. Der Name Préveli steht aber nicht nur für den berühmten Traumstrand, sondern auch für zwei historische Klöster in der Nähe, die von der kretischen Vergangenheit zeugen.

Bereits der Weg von der Nordküste zum Palmenstrand von Préveli an der Libyschen See verspricht herrliche Naturerlebnisse und mit den beiden Préveli-Klöstern auch Sehenswürdigkeiten mit historischer Bedeutsamkeit. Bei der Anfahrt nach Préveli durchquert man die drei Kilometer lange Kourtaliótiko-Schlucht, in der auch der nur 15 Kilometer lange, ständig Wasser führende Gebirgsfluss Megalopótamos (Großer Bach) entspringt. Er mündet am Préveli Beach ins Libysche Meer. Etwa in der Mitte der Schlucht mit ihren bis zu 250 Meter hohen Felswänden steht

35

↙ Es lohnt sich ein Stopp beim geschichtsträchtigen Kloster Pìso Préveli.

die kleine Kapelle Ágios Nikólaos, zu der man von mehreren Parkbuchten in etwa fünf Minuten hinunterlaufen kann. Gegenüber der Kapelle entspringen mehrere Quellen. Dort, wo die Straße das Niveau des Flusses erreicht, steht links eine immer noch begehbare steinerne Brücke, die schon 1850 von den Osmanen errichtet wurde. Dahinter steigt die Asphaltstraße wieder an und windet sich um die Klosterruine von Káto Préveli. In Serpentinen führt sie am großen Parkplatz für den Préveli-Strand zunächst zu einem Denkmal mit einem Mönch und einem Commonwealth-Soldaten mit ihren Gewehren. Es erinnert an die bedeutsame Rolle des Klosters Píso Préveli während des Zweiten Weltkriegs, als die Mönche Hunderte australische und neuseeländische Soldaten sowie kretische Flüchtlinge im Konvent versteckten. Von der Préveli-Bucht konnten die Soldaten und Flüchtlinge mit einem U-Boot nach Ägypten fliehen. Für das große Risiko, das die mutigen Mönche auf sich nahmen, bedankten sich die Geretteten mit großzügigen Spenden und dem Denkmal. Auch im Klosterhof der Moní Píso Préveli erinnern Gedenktafeln an die gute Tat.

Ein Kloster mit Meerblick

Die Asphaltstraße führt schließlich zum bewohnten Kloster Píso Préveli, das aufgrund eines als wundersam geltenden Kreuzes von vielen Pilgern besucht wird. Es liegt friedvoll in karger Felslandschaft mit weitem Blick über das Libysche Meer und erwartet Besucher mit Legenden. Ein Wunder, von dem man innerhalb der Klostermauern berichtet, soll das in einer Glasvitrine in der Kirche ausgestellte, wertvolle Segenkreuz vollbracht haben. Das goldene, mit Edelsteinen besetzte Kreuz wurde zweimal aus der 1836 erbauten Kirche gestohlen. Erst versuchten die Türken, es mit dem Schiff von der Insel zu bringen, im Zweiten Weltkrieg dann die Deutschen mit dem Flugzeug. Wundersam setzte das Kreuz beide Verkehrsmittel außer Kraft, sodass es die Diebe auf Kreta ließen. Pilger kommen heute vor allem, weil man dem Kreuz heilende Kräfte bei Augenkrankheiten zuschreibt. Auch das Wasser aus dem Brunnen im Klosterhof soll gesegnet sein. Im kleinen modernen Museum werden Ikonen, liturgische Geräte und Gewänder ausgestellt.

Ein fotogener Palmenstrand

In erster Linie kommen Besucher natürlich in die Region, um den außergewöhnlichen Palmenstrand zu besuchen. Vom gebührenpflichtigen Parkplatz wenige Hundert Meter vor dem Kloster Píso Préveli geht es in etwa einer halben Stunde über einen schattenlosen Pfad zu Fuß hinunter zum Strand. Schon auf dem Weg hat man einen fantastischen Blick auf den Strand, wo sich der Fluss in einer scharfen Rechtskurve ins Libysche Meer windet. Dahinter erstreckt sich in einem Canyon mit roten Felswänden der zweitgrößte Palmenhain Kretas. Anders als im Palmenstrand von Vái im Osten der Insel führen dort Trampelpfade durch das dschungelähnliche, naturgeschützte Biotop für Kretische Dattelpalmen. Besucher können durch den Fluss waten oder schwimmen. Am Strand von Préveli genießt man somit herrliche Bademomente sowohl in Süß- als auch in Salzwasser.

INFO

ERKUNDUNG EINER KLOSTERRUINE

Der Weg zum Palmenstrand und dem bewohnten Kloster Píso Préveli führt an einer auffälligen alten osmanischen Steinbrücke und der mächtig wirkenden, restaurierten und wieder zugänglichen Klosterruine Káto Préveli vorbei. Dort lohnt vor der Weiterfahrt zum Strand eine kleine Erkundungstour. Die Ruine des Komplexes, der einst Landgut des Klosters Píso Préveli war, wurde zwischen dem 17. und dem 19. Jahrhundert von den jüngeren Mönchen des Konvents und den Landarbeitern bewohnt. Rund um die Kirche im Klosterhof sind die alten Klosterzellen, die Küche, Werkstätten, Lagerräume und die Olivenpresse zu sehen. Nur wenige Schritte entfernt kann man in der Taverne Géfira im Schatten von Maulbeerbäumen und Zypressen den Blick auf die Steinbrücke genießen und den Gänsen beim Planschen im Fluss zusehen.

WEITERE INFORMATIONEN

Klöster Préveli: www.preveli.org

36

EIN FACETTENREICHES AUSFLUGSZIEL

REIZVOLLE LANDSCHAFT – ARGIROÚPOLI

Schaut man im wasserreichen Bergdorf Argiroúpoli genau hin, treten die populären Forellenzuchtanlagen schnell in den Hintergrund. Bevor man die Tavernen bei den Wasserfällen besucht, reizen eine Erkundungstour im idyllischen Ortskern mit den historischen Monumenten, ein Shopping-Stopp für Avocado-Kosmetik und Johannisbrotprodukte und ein Abstecher in schöne Natur mit uralten Monumenten.

Da das weitläufige Bergdorf Argiroúpoli auf den Ruinen der antiken Siedlung Láppa erbaut wurde und auch in späteren Jahrhunderten besiedelt war, hat es einen architektonisch interessanten Ortskern. Ein Spaziergang durch die Gassen des mittelalterlichen Dorfzentrums führt an Hinterlassenschaften aus diversen Epochen vorbei. Argiroúpoli birgt viel: vom römischen Fußbodenmosaik über uralte Kirchen bis zu venezianischen Gemäuern. Dass die Errichtung von Neubauten dort verhindert werden konnte, liegt an den zahlreichen historischen Überresten. Wichtige archäologische Funde würden Baustopps hervorrufen, sodass Investitionen nur unter bestimmten Voraussetzungen lohnen. Argiroúpoli konnte sich somit aber die dörfliche Idylle bewahren.

← Wie wasserreich die Gegend um Argiroúpoli ist, sieht man nicht nur an den Wasserfällen, sondern auch bei einem Besuch der römischen Nekropole.

Einkaufserlebnis im »Stadttor«

Das Auto oder Moped stellt man am besten am Platz mit der 1895 erbauten Dorfkirche Ágios Ioánnis mit ihrem auffälligen Glockenturm ab. Gegenüber liegt der Eingang zur »Altstadt«. Im winzigen überwölbten Torgang lohnt zunächst ein Blick in den Laden Lappa Avocado von Stélios Manoússakas. Er verkauft dort nicht nur die von ihm und seiner Frau entwickelte Kosmetikserie auf der Basis von ätherischen Avocado-Ölen, sondern hält für Besucher auch Kopien eines handgefertigten Plans bereit, in dem die historischen Monumente von Argiroúpoli eingezeichnet sind. Zum Einkaufen lockt das Avocado-Sortiment mit Kosmetika wie Gesichtscreme, Shampoo oder Seife. Außerdem bekommt man Johannisbrotprodukte, die der Bruder des Besitzers Ilías in seiner kleinen Fabrik außerhalb des Dorfs aus den Schoten herstellt. Es gibt biologischen Johannisbrotsirup, der als Süßungsmittel dient, Johannisbrottee und -kaffee, aber auch Pulver, der als Kakaoersatz verwendet werden kann.

Auf Entdeckungstour

Eine kleine Rundstraße führt vom »Stadttor« einmal rund durch den Ortskern mit den verstreut liegenden, jahrhundertealten Überresten. Läuft man vom Tor geradeaus, wird zunächst eine venezianische Villa passiert. Das aus römischer Zeit stammende Tor gleich nebenan wird von der Inschrift *Omnia Mundi Fumus et Umbra* (»Alles in dieser Welt ist Rauch und Schatten«) geschmückt. Ebenfalls von den Römern stammt das in der folgenden abzweigenden Gasse stehende marmorne Wasserreservoir. Über eine weitere Gasse gelangt man zum Kirchlein Agía Paraskeví, wo die Stufe vor dem Kirchhof aus dem Deckel eines antiken Kinder-Sarkophags erbaut wurde. Nächstes Ziel ist die wieder an der Rundgangstraße gelegene Panagía-Kirche aus dem 13. Jahrhundert. Ihr blumengeschmückter Innenhof eignet sich gut für eine Rast. Das bedeutendste Monument des Orts ist schließlich der teilweise erhaltene Mosaikfußboden aus einer kleinen römischen Therme. Das Mosaik aus dem 3. Jahrhundert zeigt mehrfarbige geometrische Muster.

Römische Gräber und eine uralte Platane

Außerhalb von Argiroúpoli lohnt nach der Abzweigung in Richtung Káto Póros ein Abstecher über einen etwa 300 Meter langen Fußweg zu der kleinen, zum Teil in den Felsen gebauten Kapelle Pénde Parthénes. In der Felswand auf der linken Seite wurden einige begehbare römische Kammergräber freigelegt. Imposant erhebt sich wenige Schritte weiter unten eine wohl etwa 2000 Jahre alte, riesige zweigeteilte Platane. Die meisten Besucher kommen jedoch aufgrund der berühmten Wasserfälle nach Argiroúpoli, die ebenfalls außerhalb des Dorfs an der Straße Richtung Asigoniá entspringen. In den Tavernen, die sich zwischen den großen Kastanien und Platanen angesiedelt haben, werden Forellen gezüchtet. Es gibt aber auch gute Grillgerichte.

INFO

STILVOLL NÄCHTIGEN

Argiroúpoli, sieben Kilometer südlich der Nordküste und etwa 25 Kilometer südwestlich von Réthimno, ist ein reizvolles Örtchen, um einige Ferientage abseits des Trubels zu verbringen. Mitten im Ortskern eröffnete im Jahr 2011 die kleine, stilvolle Unterkunft Arcus Luxury Villas – ein attraktives Refugium für Ruhesuchende. Man wohnt in fünf geschmackvollen Suiten mit Platz für zwei bis sechs Personen in denkmalgeschützten Häusern aus dem 14. und 15. Jahrhundert. Die luxuriösen Häuser mit Steinbogen, Holzboden, Hydromassageduschen und Kaminen bieten besten Komfort und gruppieren sich rund um einen hübschen, gepflegten Garten mit Gemeinschaftspool. Die Besitzer unterstützen ihre Gäste gerne bei der Urlaubsplanung mit guten Tipps. Das leckere Frühstück bekommen die Gäste auf ihrer Terrasse serviert.

WEITERE INFORMATIONEN

Arcus Luxury Villas: www.arcus.com.gr

Bei Ravdoúcha begeistert unberührte Natur.

GRANDIOSE UMGEBUNG

Chaniá und die Weißen Berge

Kolpos Hanion
Ormos Kouni Limani
Akr. Tripiti
Vardires 340
Moni Katholiko
Moni Gouvernetou
Stavros
Akr. Mavromouri
Akrotíri-Halbinsel
Tersanas
Kalathas Bucht
Horafakia
Moní Agía Triáda
Hordaki
Nisi Agii Theodori
Bucht von Chaniá
Kounoupidiana
Venizelos-Gräber
Moni Korakies
Korakies
Akr. Tourkak
Pervolitsa
Paxinos
Plataniás
Agía Marina
CHANIÁ
Aroni
Sterne
Maráthi
Akr. Pelegri
Gerani
Stalos
Daratsos
90
E 75
Nisi Paleosouda
Modi
Modea
Galatas
Souda
Souda-Bucht
Minoa
Patellari
Kirtomados
Perivolia
Tsikalaria
Akr. Drapano
Limnoupolis Water Park
Mournies
Moni Chrissopigi
Nerokouros
Megala Horafia
Kalami
Kalivion-Bucht
Agiá
Varipetro
Alikianos
Vandes
Metohi
Aptera
Kalives
Drapanokefala 527
Ormos Katevati
Vatolakkos
Panagia
Kondo
Almirida
Fournes
Faragi
Drapanos
Diktamos-Schlucht
Armeni
Akr. Konismatsa
Skines
Loulos
Neo Horio
Apokóronas-Halbinsel
Hliaro
Thériso-Schlucht
Kambi
Maheri
Vámos
Kefalas
Plativola
Kaina
Orthouni
Mesklá
Thériso
Drakona
Ramni
Litsarda
Lakki
Likotinarea
Nea Roumata
Kares
Rhizenia
Sotiros Christou
Kares
Melidoni
Kalamitsi Amigdali
Xirokefalia 860
Fres
Nippos
Vrysses
Georgioúpol
Volika (EOS)
Tzitzifes
Vafes
Maza
Kaloros 1925
Embrosneros
Alikambos
Asproulians
Tourli 1458
Omalos
Melindaou 2134
Agios Pnevma 2254
Mouri
Kournás-See
Grias Soros 2331
Agios Theodori
Samaria-Schlucht
Nationalpark
Kournás
Xilóskalo
Lefka Ori
Tripali 1494
Psilafi 1985
Samaria
Pachnes 2452
Amoudari
Askifou
Volakias 2117
Samaria-Schlucht
Kakovoli 2214
Petres
Goni
Asigonia
Trohari 2401
Askifou-Ebene
Angathes 1511
Zaranokefala 2140
Maroulou
Tripiti-Schlucht
Vigla 1415
Imbros
Miriokefala
Kallikratis
Eligias-Schlucht
Asfendos
Pikilassos
Perisinaki 1085
Katapori
Aradena
Tarra
Anopoli
Sfakia
Agía Rouméli
Aradena-Schlucht
Nomikiana
Akr. Kalotrividis
Livaniana
Loutro
Chóra Sfakíon
Patsianos
Kapsodassos
Phinix
Kommitades
Skaloti
Ormos Agía Rouméli
Akr. Mouros
Ormos Sfakíon
Moni Panagia Thymiani
Frangokástello
Akr. Frangokástello
Akr. Kalogeros
37
38
39
40
41
42
43
44

ZWISCHEN DEN WEISSEN BERGEN UND DEM MITTELMEER

ROUTE IM HINTERLAND VON CHANIÁ

Nicht grundlos gilt das malerische Chaniá als schönste Stadt Kretas. Sie fasziniert sowohl mit ihrem Lifestyle als auch mit ihrer Architektur. Im Hinterland erheben sich majestätisch die Weißen Berge, die im Süden tiefe Schluchten und winzige Küstenorte verstecken. Tolle Strände und alte Klöster runden die Tour ab.

Das charmante 37 **Chaniá** begeistert jeden, sowohl mit Flair als auch mit schönen Hotels in der lebhaften Altstadt. Wer lieber am Strand als in der Stadt übernachtet, wählt eine Unterkunft in der 38 **Bucht von Chaniá**. Stadt- und Strandurlaub kann man hier nämlich wunderbar miteinander kombinieren. Außerdem ist Chaniá ein guter Ausgangspunkt, um das gewaltige Gebirgsmassiv der Weißen Berge (Lefka Ori) zu erkunden. Eine Tour mit dem Mietwagen führt auf die Omalós-Hochebene. Eine Wanderung in der imposanten 39 **Samariá-Schlucht** ist mit einem organisierten Ausflug empfehlenswert. Um das Gebirgsmassiv kennenzulernen, fährt man von Chaniá aus über die Nationalstraße zunächst Richtung Osten und passiert die antike Stätte Áptera sowie das weithin sichtbare Kastell Itzedin. Ab dem kleinen Dorf Vrísses führt die Tour weiter nach Süden. Die Straße schlängelt sich an der Askífou-Hochebene vorbei und verlockt zum Zwischenstopp an der Ímbros-Schlucht, bevor der beschauliche Küstenort 44 **Chóra Sfakíon** erreicht ist. Dort kann man friedliche Tage am Meer verbringen und die Umgebung erkunden: die Küste mit ihren einsamen Stränden und dem kleinen Ort Loutró per Boot und die Bergdörfer der wilden Region Sfakiá mit dem Auto und auf Wanderungen. Dass es noch ruhiger geht als in Chóra Sfakíon, beweist die östlich gelegene Streusiedlung 43 **Frangokástello** mit ihren schönen Stränden. Nach dem Aufenthalt an der Südküste geht es über dieselbe Strecke zurück in den Norden. An der Nationalstraße angekommen, kann man gen Osten den lebhaften Urlaubsort 42 **Georgioúpoli** ansteuern, wo die Kapelle Ágios Geórgios in fotogener Lage viel Charme hat. Auf der Rückfahrt nach Chaniá führt ein Abstecher zur 41 **Apokóronas-Halbinsel**, geprägt von hübschen Dörfern mitten im Grünen. Dann geht es über den großen Hafen von Soúda zur Halbinsel 40 **Akrotíri**, wo uralte Klöster wie Agía Triáda und mehrere Strände wie Maráthi eine Entdeckung wert sind.

INFO

TOUR

Start: Chaniá
Ziel: Akrotíri-Halbinsel
Länge: 273 km
Dauer: 7 Tage
Beste Reisezeit: Sommerhalbjahr
Unterkunft: Porto Veneziano, Chaniá, www.portoveneziano.gr, Alkionides Seaside, Plataniás, www.alkionides-seaside.gr, Hotel Samaria, Chóra Sfakíon, www.hotel-samaria.gr, Paradisos, Frangokástello, www.paradisos.gr, Vamos Traditional Village, Vámos, www.vamosvillage.gr, Argiri Apartments & Suites, Georgioúpoli, www.argiriapts.com, Psamathi, Maráthi, www.psamathi.gr

WEITERE INFOS

Die Wanderung durch die Samariá-Schlucht ist mit dem eigenen Mietwagen nicht möglich. Dafür aber die An- und Abfahrt per Bus, www.e-ktel.com. Wer diese Alternative wählt, kann auf Wunsch auch in Agía Rouméli oder Chorá Sfakíon eine Übernachtung einplanen.

FÜR VIELE DIE SCHÖNSTE STADT KRETAS

MOSAIK DER EPOCHEN – CHANIÁ

In Kretas zweitgrößter Stadt faszinieren besonders ihre romantische Altstadt, viele Bauwerke der Venezianer und Osmanen, der stimmungsvolle venezianische Hafen und natürlich die Lage vor der gigantischen Kulisse der Weißen Berge. In Chaniá trifft man aber nicht nur auf Relikte verschiedener Kulturen, sondern auch auf stilvolle Einflüsse der modernen Kreter.

37

Fast könnte man denken, die Altstadt von Kretas einstiger Hauptstadt sei eigens als Kulisse für einen romantischen Geschichtsfilm entworfen worden. Sie schmiegt sich wunderschön an die stimmungsvolle mittelalterliche Hafenmole und erstreckt sich mit verwinkelten, oft autofreien Gassen und denkmalgeschützten, hübsch restaurierten Häusern bis zur viel befahrenen Odós Chatzimicháli Giánnari, wo die Neustadt beginnt. Chaniás Altstadt hat Charme und verzaubert ihre Besucher mit zahllosen Hinterlassenschaften aus den unterschiedlichsten Epochen, die nicht vom Modernen dominiert werden. In Chaniá steht die Geschichte mit dem aktuellen Lifestyle der Kreter angenehm im Einklang. In historischen Bauwerken eröffnen modernste Lounge-Bars und schicke Restaurants, die sich harmonisch ins Stadtbild einfügen. Mauern und Hausruinen werden von Wirten geschmackvoll in Szene gesetzt und bilden ein romantisches Ambiente in alten Gewölben oder unter freiem Himmel.

Eine Stadt auf Zeitreise

Mitten in der Altstadt sind auf dem Kastélli-Hügel Hinterlassenschaften der Minoer zu sehen. In der Odós Kaneváro wurden die Grundmauern einiger minoischer Gebäude freigelegt. Das heutige Chaniá wurde um 2200 v. Chr. gegründet. Auch in der Antike stand auf dem Hügel die Akropolis der Stadt Kydonía, die nach Kydon, einem Enkel von König Mínos, benannt wurde. Ab 1252 herrschten die Venezianer, die die schöne Stadt La Canea nannten und zahlreiche Relikte wie den Hafen, Werfthallen, die Stadtmauer und viele Stadtpaläste hinterließen. Immer mehr Patrizierhäuser werden wie auch die Domizile mit den Holzerkern der folgenden Herrscher, der Osmanen, zu stilvollen Stadthotels mit viel Charme umgewandelt.

Im Jahr 1645 eroberten die Osmanen La Canea. Anders als in den anderen Städten Kretas hat sich in Chaniá einiges aus dieser Zeit erhalten. Moscheen und Minarette, markante Holzbalkone sowie der Leuchtturm erinnern an die jahrhundertelange Besatzungszeit. Nach ihrem Abzug wurde Chaniá Hauptstadt des autonomen Kreta (1898–1913) und somit auch Sitz der damaligen Großmächte Großbritannien, Frankreich, Italien und Russland sowie des Hochkommissars Prinz Geórgios, der Griechenland vertrat. Aus der glorreichsten Zeit der Stadt berichten die Markthalle und der Stadtpark in der Neustadt sowie im Osten Chaniás das alte »Nobelviertel« Chalépa mit prächtigen Stadtvillen. 1972 gab Chaniá ihre Funktion als Hauptstadt der Insel an Iráklio ab.

Ausblicke: aufs Meer und in die Berge

Der riesige venezianische Hafen von Chaniá ist nicht nur im Sommer angesagt. An der langen Promenade reihen sich Café an Café, Restaurant an Taverne und Bar an Bar. Die farbenfrohen Häuser prägen das Bild und schaffen eine zauberhafte Kulisse zum Flanieren. Sitzbänke bieten Platz für Pausen mit tollen Ausblicken. Der Blick schweift immer wieder aufs Meer, das Geschehen und natürlich auf den Leuchtturm am Ende der langen Hafenmole. Die schönste Aussicht auf die Häuser der Stadt mit den oft bis in den Mai hin schneebedeckten Weißen Bergen im Hintergrund hat man vom Leuchtturm selbst. Er markiert mit der gegenüberliegenden venezianischen Fírkas-Bastion die Hafenausfahrt. Im westlichen Teil des Hafenbeckens warten wenige Ausflugsdampfer auf Touristen, im Osten liegen viele Fischerboote und Jachten vor Anker.

Der auffälligste Bau am Hafen ist das älteste osmanische Gebäude der Stadt auf mittlerer Höhe der Promenade unterhalb der Platía Santriváni mit ihrem Brunnen. Die Janitscharen-Moschee von 1645, die ihren Namen angelehnt an die osmanischen Elitetruppen »Janitscharen« erhalten hat, dient heute als Ausstellungssaal. Davor warten die Fahrer der romantischen Pferdedroschken auf Gäste. Im Hintergrund erhebt sich der Kastélli-Hügel mit uralten Gebäuden und romantischen Hausruinen.

Das auffällige rote Bauwerk an der Fírka-Bastion am östlichen Ende des Kais beherbergt das Nautische Museum. Es thematisiert griechische Seeschlachten und präsentiert unter anderem Hafen- und Schiffsmodelle (auch aus der minoischen

← Die Ruhe kann man an Chaniás quirliger Hafenpromenade mit Blick auf den markanten Leuchtturm nur in den frühen Morgenstunden genießen

↗ Die schmalen Gassen mit ihren hübschen alten Häusern und Hotels sind ideal zum Flanieren.

Zeit) sowie nautische Geräte. Vorbei an den schicken Café-Restaurants zwischen der Moschee und dem Anfang des östlichen Teils der Promenade trifft man auf das Große Arsenal von 1600, das im Lauf der Jahrhunderte unterschiedlichste Funktionen innehatte. Die Hauptrüstkammer der Venezianer wurde während der Osmanenzeit als christliche Schule genutzt, 1923 als Krankenhaus. Als es 1941 zerbombt wurde, war es gerade zum Rathaus umfunktioniert worden. Heute beherbergt es das Mediterranean Architecture Center für Ausstellungen und Vorträge.

Anschließend prägen neun von einst 17 großen venezianischen Schiffshallen den Kai. In einer der Hallen in der Südostecke des Hafens ist die Dauerausstellung antiker und traditioneller Schifffahrtsarchäologie untergebracht. Dort steht auch der wissenschaftlich fundierte, seetüchtige Nachbau eines minoischen Schiffs, das Ruder- und Segelschiff »Minoa«. Im Jahr 2004 bewältigten 22 Ruderer mit dem Schiff im Rahmen von zehn Tagesfahrten eine Strecke von über 200 Seemeilen von Chaniá mit Zwischenstopps nach Piräus. Auf dem Weg zur Mole kann man eine Pause einlegen. Das Lounge-Café des Segelclubs von Chaniá in einer Werfthalle ist zur Zeit des Sonnenuntergangs äußerst stimmungsvoll.

Wie im Labyrinth: Splántzia

Südlich der Schiffshallen befindet sich das einstige moslemische Viertel. Der Kastélli-Hügel mit der teilweise erhaltenen venezianischen Stadtmauer trennt Splántzia vom Hafen. Mit recht kleinen Häuschen und labyrinthartig angelegten Straßen versprüht Splántzia etwas ländliches Flair. Zwischen historischen Mauern haben sich dort in den letzten Jahren ein paar Hotspots der Szene gebildet. Die Jugend versammelt sich etwa in der Odós Kallergón, wo die Musik laut aus den Boxen der modernen *rakádika* schallt.

Ruhiger geht es zumindest tagsüber in den Cafés rund um die Platía 1821 mit der Kirche Ágios Nikólaos zu, vermutlich auch weil der Platz die Kreter an vergangene, traurige Geschehnisse erinnert. Viele kretische Freiheitskämpfer wurden dort gehängt. Die Kirche ist ein gutes Beispiel für die Verbindung extremer Gegensätze, die Chaniá seinen besonderen Charakter verleihen. Das von den Venezianern als Teil eines Dominikanerklosters errichtete Gotteshaus wurde während der türkischen Besatzung zur Hauptmoschee umgewandelt. Das Kuriose: Heute sieht man links einen erhaltenen Kirchturm und rechts ein Minarett. Einen Hauch von Orient verspricht schließlich die enge, von Lederwarenläden gesäumte Altstadtgasse Odós Skrídlof, die zurück zur Haupteinkaufsstraße der Altstadt, der Odós Chálidon, führt.

↑ Die markante Janitscharen-Moschee am venezianischen Hafen ist der auffälligste und prächtigste osmanische Bau in Chaniá.

← Bis ins Jahr 2020 konnten Interessierte in der einstigen Franziskanerkirche nicht nur architektonische Details bestaunen, sondern auch die archäologische Sammlung.

Ein Abstecher in die Neustadt

Markant erhebt sich an der Grenze zwischen Alt- und Neustadt die alte *agorá*. Die 1913 eröffnete, kreuzförmige Markthalle diente bis Ende 2021 als Touristenattraktion aber auch als Treffpunkt der Einheimischen – besonders an Feiertagen im Winter. Neben Souvenirgeschäften waren dort nämlich auch Fleisch- und Fischhändler sowie einfache Gastronomiebetriebe ansässig. In den nächsten zwei Jahren soll das über 100 Jahre alte Bauwerk kernsaniert werden und seine Funktion erhalten. Eine weitere Attraktion ist der für kretische Verhältnisse recht große Stadtpark wenige Gehminuten entfernt. Im winzigen Zoo werden die kretischen Wildziegen, *kri-kri*, gehalten. Besonders lohnt der Besuch aber wegen des Park-Cafés. Das Café Kípos ist das stilvollste Kaffeehaus der Stadt und eines der schönsten historischen Kaffeehäuser Griechenlands. Zur großen Auswahl an Kuchen und Gebäck wird der griechische Mokka noch in traditionellen Kupferkännchen serviert.

Von der Neustadt zurück zum Hafen

Die Odós Chálidon, einst Zufahrtsstraße zum Hafen, wurde vor einiger Zeit zur Fußgängerzone umgewandelt. Die quirlige Straße teilt die Altstadt in zwei Hälften. Richtung Meer passiert man nicht nur Läden, sondern auch die auffällige griechisch-orthodoxe Kathedrale Trimárti von 1860. An der Nordwestecke des Platzes sind die Reste eines türkischen Bads erhalten. Auf der anderen Straßenseite führt ein winziger Innenhof zur römisch-katholischen Kirche und zum

↑ Die einheimische Szene trifft sich in den Café-Bars rund um den Jachthafen.
→ Die dreischiffige Kirche Panagía Trimártiri ist Hauptkirche der Stadt.
↘ Rund um die Altstadt findet man ruhige Plätzchen am Meer.

Folkloremuseum. Das charmant gestaltete private Museum zeigt durch alte Handwerksgeräte, Möbel und Trachten tragende Wachsfiguren den Alltag der Kreter in den letzten Jahrhunderten. Weiter nördlich war bis 2020 in der einstigen Franziskanerkirche im gotischen Stil das Archäologische Museum untergebracht. Heute finden in dem schönen Bau gelegentlich Veranstaltungen statt. Auf dem Hof sind Überreste eines Reinigungsbrunnens und eines Minaretts aus osmanischer Zeit erhalten. Das Archäologische Museum ist inzwischen in einem modernen Bau im Stadtteil Chalépa untergebracht. Highlight ist ein Siegel aus dem 15. Jahrhundert v. Chr., auf dem das minoische Chaniá, das einstige Kydonía, auf dem Kastélli-Hügel dargestellt ist. Auffällig sind auch die Sarkophage aus minoischer Zeit und die römischen Bodenmosaike, die Dionysos, den Gott des Weins, abbilden.

Der schönste Teil der Altstadt

In den autofreien Vierteln Evraikó und Topanás im westlichen Teil der Altstadt lassen sich gut die Einflüsse der venezianischen und osmanischen Architektur erkennen. Dort befinden sich viele der geschmackvollen, kleinen Stadthotels. Die Gassen südlich der Odós Zambelídou mit kleinen Ladengeschäften gehören zum stimmungsvollen ehemaligen Judenviertel Evraiká. Dort ist über die Odós Kondiláki die Synagoge Etz Hayyim erreichbar. Das im Jahr 1669 in eine Synagoge umgewandelte katholische Gotteshaus wird von der winzigen jüdischen Gemeinde gepflegt und hauptsächlich als Andachtsraum und Museum genutzt. Nur wenige Meter weiter nördlich endet die Odós Kondiláki an der Schiávo-Bastion.
Im gepflasterten Gassengewirr des sich nördlich erstreckenden romantischen Viertels Topanás mit kleinen Lokalen und Hotels lässt sich gut die Zeit vergessen. Unterwegs sollte man hie und da einen Blick hinauf zu den venezianischen Hausfassaden werfen, die oft auch orientalische Elemente wie hölzerne Balkone oder vergitterte Fenster aufzeigen. Winzige Gassen führen aus dem Labyrinth immer wieder zum venezianischen Hafen. Zwei Bauwerke der Venezianer sind besonders markant: Der Renieri-Palast in der engen Gasse Theofánous aus dem Jahr 1608 und die Loggia in der Odós Zambelídou mit der Inschrift *nulli parvus est census qui magnus est animus* (»Niemand der großerherzig ist, wird geringgeschätzt«).

INFO

CHANIÁ AUSSERHALB DER ALTSTADT
Obwohl die Gassen rund um den venezianischen Hafen viel bieten, verspricht Chaniá auch außerhalb der Altstadt einige schöne Fleckchen. Westlich lohnt sich für alle, die gerne Fisch essen, ein Besuch des Fischerviertels Néa Chóra. Frischer Fisch, köstliche Meeresfrüchte-Gerichte und griechische *mezédes* mit gutem Preisleistungsverhältnis schmecken mit Blick auf die im Fischerhafen schaukelnden Boote besonders gut. Eine gigantische Aussicht eröffnet sich hingegen von einem Hügel östlich von Chaniá in einer parkähnlichen Anlage an der Odós Aléxi Minóti. Dort hisste der kretische Staatsmann Eleftherios Venizélos als Zeichen der angestrebten Vereinigung mit Griechenland im Jahr 1905 erstmals die griechische Fahne. Von dort oben und von zwei Cafés gleich unter der Anlage ist der Blick auf Chaniá und das Meer grandios – besonders zum Sonnenuntergang.

WEITERE INFORMATIONEN
Chaniá: www.chaniatourism.gr

Lidia ROOMS

HOTSPOT IM SOMMER – BUCHT VON CHANIÁ

Stylishe Strandbars und angesagte Open-Air-Locations, in denen im Hochsommer griechische Popmusiker mit Auftritten ihr Publikum begeistern, locken unzählige junge Griechen aus Athen und Kretas Städten in die Küstenorte westlich von Chaniá. Als Urlaubsstandort bieten sich die Orte entlang des kilometerlangen Sandstrands wegen der Nähe zu Chaniá und dem umfassenden Aktivitäten-Angebot an.

Die Küstenlandschaft westlich von Chaniá bis zur Rodopoú-Halbinsel hat sich nicht ohne Grund zum touristischen Zentrum Westkretas entwickelt. Die sich aneinanderreihenden Küstenorte sind ideal, um Strand- und Stadturlaub miteinander zu kombinieren. Linienbusse verbinden sie vom frühen Morgen bis spätabends, im Hochsommer sogar fast rund um die Uhr, sehr oft und günstig mit Chaniá. Die 100 Meter landeinwärts durch alle Orte der Bucht verlaufende, im Sommer viel befahrene Durchgangsstraße wird von wahrem Wildwuchs geprägt. Apartments, Hotels, Tavernen, Cafés, Bars, Autovermietungen und Souvenirläden sorgen dort für alles, was das Touristenherz begehrt. Besonders Skandinavier bevorzugen diese Ecke der Insel seit Jahren für ihre Ferientage.

Die Geschäftigsten: Agía Marína und Plataniás

Beinahe durchgehend verläuft der Strand vom kleineren Ort Káto Galatás über Káto Stalós und Agía Marína bis nach Plataniás. Die fast zusammengewachsenen Orte Agía Marína und Plataniás sind die Hauptorte im Golf von Chaniá. Auf Sportliche wartet ein großes Angebot. Es reicht von Fun-

↑ Während die Strände rund um Agía Marína und Plataniás von unzähligen jungen Einheimischen und Urlaubern bevölkert werden,
↙ finden Ruhesuchende auf der westlich ins Meer ragenden Halbinsel Rodopoú auch einige einsame Buchten.

Sportarten über Fallschirmsegeln, Surfen und Tauchen bis zu geführten Mountainbiketouren. Agía Marína lockt mit einem breiten, feinsandigen Strand, an dem sich die schicken Strandbars aneinanderreihen. Vorgelagert liegt die unbewohnte Felsinsel Agíi Theodóri. Spärliche Reste der im Jahr 1574 errichteten Festungen der Venezianer sind auf dem Eiland noch erhalten. Besichtigen kann man sie jedoch nur zum Fest des heiligen Theodorós am 8. Juni. Um die kretischen Wildziegen, *kri-kri,* zu schützen, wurde die Insel nämlich unter Naturschutz gestellt. Plataniás ähnelt Agía Marína sehr. Den Sand-Kies-Strand mit Sonnenschirmen, Liegestühlen und Duschen kann man über Stichstraßen erreichen. In Plataniás lohnt besonders ein Besuch des alten Ortskerns auf dem steilen Felsen über der Küstenstraße. Die Tavernen und Cafés bieten eine fantastische Sicht bis nach Chaniá und die Rodopoú-Halbinsel. Westlich wird es ruhiger. Geráni, Máleme und Kolimbári sind weniger dicht, dafür aber mit guten Großhotels bebaut. Dort dominieren Kiesstrände.

Erinnerungen an den Zweiten Weltkrieg

Die Bucht von Chaniá war schon für die Osmanen das erste Angriffsziel auf der Insel. Und am frühen Morgen des 20. Mai 1941 startete die deutsche Luftwaffe ihren Überfall auf Kreta. Deutsche Fallschirmjäger hatten unter anderem den britischen Militärflughafen in Máleme als Ziel. Bis zum Monatsende war die Insel mithilfe der Bomberangriffe auf die Inselstädte erobert. Auf einer Anhöhe nahe dem einstigen britischen Flughafen erinnert der Deutsche Soldatenfriedhof an die »Schlacht um Kreta« und Tausende gefallene Soldaten. Auf dem im Jahr 1974 angelegten Friedhof, der vom bambusähnlichen Spanischen Rohr und Olivenhainen umgeben ist, liegen in langen Reihen 4465 deutsche Soldaten begraben, die zwischen 1941 und 1945 auf Kreta umgekommen sind. Eine Gedenktafel erinnert zudem an 400 Gefallene, die auf See starben und nicht geborgen werden konnten. Auf großen Bild- und Texttafeln wird in deutscher Sprache über die Geschehnisse berichtet.

Am Fuß der Halbinsel Rodopoú

In der äußersten Ecke der Bucht liegt der Fischer- und Badeort Kolimbári mit einem auffälligen Großhotel und einem langen Kies-Kiesel-Strand. Nördlich des Orts steht unmittelbar an der Küste das im 9. Jahrhundert gegründete Kloster Goniás. Seine heutige Form bekam es erst 1634. Interessant ist die große Ikonensammlung im kleinen Museum.

INFO

OASE FÜR KUNSTSINNIGE

Wie es sich auf Kreta gehört, gehen Familienbetriebe – sollte zwischenzeitlich nichts schieflaufen – natürlich in die Hände der Kinder über. Ein hervorragendes Beispiel, wie solch ein Betrieb innovativ und erfolgversprechend von der nächsten Generation weitergeführt werden kann, ist das Tree of Life Art Hotel in Agía Marína. Nach über 20 Jahren übernahm die Tochter der Hotelbesitzer, Angelíki Máraka, 2012 die Leitung des familiär geführten Hotels. Die charmante Innendekorateurin wandelte das Hotel mit den 13 Studios und Apartments mit viel Liebe zum Detail stilvoll um und schuf eine ganz besondere Unterkunft. Jedes Zimmer ist originell dekoriert und einem anderen Künstler gewidmet. An der Poolbar können Gäste unter dem Zitronenbaum hervorragend bei einem Cocktail entspannen.

WEITERE INFORMATIONEN

Tree of Life Art Hotel:
www.treeoflifehotel.com

ZWISCHEN STEILWÄNDEN – SAMARIÁ-SCHLUCHT

Eine wildromantische Kulisse, imposante Felsformationen, sprudelnde Quellen und atemberaubende Felswände machen die Samariá-Schlucht zu einer der beliebtesten Wanderrouten Griechenlands. Alltäglich wandern Hunderte von Urlaubern auf einer atemberaubenden, bestens erschlossenen Gesamtstrecke von etwa 18 Kilometern Länge durch das Zentralmassiv der Lefká Óri (Weißen Berge).

Die Wanderung durch die bekannteste Schlucht der Insel ist zwar kein Spaziergang, aber ein einzigartiges und atemberaubendes Erlebnis. Die Samariá-Schlucht gilt trotz des großen Besucherandrangs als Highlight für Wanderfreunde. Unterschätzen sollte man die über unebenen Waldboden und Geröll verlaufende Strecke vom Hochgebirge ans Libysche Meer auf jeden Fall nicht. Auf der Route durch atemberaubende Landschaft werden in fünf bis sieben Stunden etwa 1250 Meter Höhenunterschied überwunden. Startpunkt ist Xilóskalo auf der Omalós-Hochebene westlich des 1884 Meter hohen Gipfels Gíngilos. Auf zwei Kilometern mit vielen hölzernen Balken geht es zunächst durch einen Wald mit Zypressen und Kiefern steil hinunter zum Bachlauf. Im Winter macht der hohe Wasserstand die Schlucht unpassierbar. Im Sommer kann man den Bach immer wieder auf Trittsteinen, hölzernen Stegen und Brücken überqueren.

↑ Nach der langen Wanderung wird man in Agía Rouméli mit einem Sprung ins kühle Nass belohnt.
↙ Die eindrucksvollen Felswände der Samariá-Schlucht ragen bis zu 600 Meter empor.

Verlassenes Dorf, imposante Felsen

Durch ein mit Kiefern bewachsenes Gebiet mit faszinierenden Felsformationen erreicht man nach rund sechs Kilometern das verlassene Dorf Samariá. Manchmal trifft man zwischen den Ruinen der Bruchsteinhäuser, den Olivenbäumen und Platanen auf Wildziegen und Steinböcke, die auf Futter hoffen. Die vom Holzfällen lebenden Bewohner mussten Samariá 1962 verlassen, als das Gebiet zum Naturpark erklärt wurde. Jetzt ist es mit Erste-Hilfe-Station, sanitären Einrichtungen und Quelle ein zentraler Rastplatz der Schlucht. Sobald man die kurz hinter dem Dorf liegende Kirche Ossía María aus dem 14. Jahrhundert passiert hat, wird die Schlucht immer enger.

Der Weg führt durch das Waldgebiet mit einigen Trinkwasserquellen zu ihrer engsten Stelle. Bei der sogenannten »Eisernen Pforte« *(sidiróporta)* ist die Schlucht auf zwölf Metern Länge nur drei bis vier Meter breit, und die Felswände ragen imponierende 500 Meter empor. Danach weitet sich der Weg, man überquert immer wieder Holzstege und -brücken, bis man den Ausgang erreicht. Dort wartet der Minibus, der erschöpfte Wanderer in den Küstenort ans Libysche Meer fährt. Alle, die zu Fuß weiterwollen, gehen die letzten drei Kilometer zwischen Kiefern, Feigenbäumen und Hausruinen durch das alte Dorf Agía Rouméli. Der letzte Kilometer bis zum Küstenort ist für die meisten Wanderer der anstrengendste Teil.

Endlich am Ziel!

Agía Rouméli ist über Land nur über Wanderwege zu erreichen. Aufgrund der Samariá-Schlucht ist der Ort im Sommer dennoch täglich Treffpunkt unzähliger Menschen. Die Wanderer werden am späten Nachmittag von Fähren abgeholt, die sie entweder gen Westen Richtung Paleóchora oder gen Osten nach Sfakiá bringen. Dort starten die Busse zurück zur Nordküste. Agía Rouméli ist allerdings nicht nur für die Rast zwischen Wanderung und Rückreise interessant. Urlauber können im Ort mit wenigen Pensionen und Tavernen auch ein paar Urlaubstage verbringen, am Kieselstrand baden, zu einer osmanischen Burgruine oder zum Nachbarstrand Ágios Pávlos wandern. Am etwa drei Kilometer östlich liegenden Kiesel-Sand-Strand Ágios Pávlos trotzt die gleichnamige Kapelle aus dem 11. Jahrhundert eindrucksvoll der Zeit und dem Meer. Von Agía Rouméli kann man außerdem »von unten nach oben« durch die Samariá-Schlucht laufen. Wanderer sind in etwa einer Stunde bei der »Eisernen Pforte«. Ohne die gesamte Wanderstrecke auf sich nehmen zu müssen, kann man in kurzer Zeit das faszinierende Naturschauspiel zwischen den Felswänden erkunden.

INFO

DIE WEISSEN BERGE

Die 15 Quadratkilometer große, stille Omalós-Hochebene mit dem Eingang zur Samariá-Schlucht ist für eine Zwischenübernachtung der Schluchtengänger oder für einen Ausflug im Winter, wenn es in den Weißen Bergen geschneit hat, besonders interessant. Die naturbelassene kreisrunde Ebene in etwa 1100 Metern Höhe ist von den Gipfeln des Gebirgsmassivs gänzlich umschlossen und dient hauptsächlich als Weideland für Schafe und Ziegen. Nur frühmorgens, wenn Busse Wanderer zum Schluchteingang Xilóskalo bringen, herrscht ein bisschen mehr Betrieb. In Omalós wartet unter anderem die Taverne Exári mit ihren angeschlossenen Unterkünften auf Urlauber. Dort kann man von Februar bis September auch bei der Produktion von Milchprodukten zusehen.

WEITERE INFORMATIONEN

Samariá: www.samaria.gr
Hotel Exári: www.exari.gr

UNERWARTETES ENTDECKEN – AKROTÍRI-HALBINSEL

Mit dem Flughafen von Chaniá, Stützpunkten der griechischen Marine und Luftwaffe, der Raketenabschussbasis der NATO und dem großen Hafen von Soúda im Südosten scheint die hügelige Akrotíri-Halbinsel Urlaubern nicht viel zu bieten. Dennoch: Akrotíri ist die Erkundung wert, birgt kleine Küstenorte mit schönen Stränden und uralte Klöster, deren Besuch sich nicht nur für Kirchen-Fans lohnt.

Die spärlich bewachsene, 528 Meter hohe Akrotíri-Halbinsel schiebt sich an Chaniás nordöstlichem Stadtrand ins Meer. Durch ihre Form entsteht in der Bucht von Soúda ein großer geschützter Hafen, in den täglich die Fähren von Piräus einfahren. Urlauber und viele Städter, die ruhigere Badealternativen zu den Küstenorten westlich der Stadt bevorzugen, besuchen Akrotíri vorwiegend wegen der schönen Strände in den Küstenorten Kalathás und Stavrós im Westen und den winzigen Siedlungen Maráthi und Loutráki im Osten.

Badeorte für jeden Geschmack

Die Streusiedlung Stavrós mit dem fast kreisrunden Hauptstrand liegt an der Nordwestküste von Akrotíri und wird von einem auffälligen Felsvorsprung geprägt, der 1964 als Kulisse für die Tanzszene von Anthony Quinn im Film *Alexis Sorbas* diente. Der feine Sandstrand bildet mit dem türkisfarbenen Meerwasser und dem bizarr geformten Felsvorsprung einen schönen Hintergrund. Ein zweiter Strand erstreckt sich etwa 200 Meter nordwestlich und ist touristisch weniger erschlos-

↙ **Strände wie Stavrós werden vor allem an den Wochenenden von vielen Städtern besucht.**

sen. Viele Städter besuchen aufgrund der Nähe gerne auch den südlicher liegenden Badeort Kalathás. Er ist mit dem piniengesäumten, etwa 200 Meter langen und flach abfallenden Sandstrand mit Wassersportangebot für viele Kreter nicht nur an den Wochenenden, sondern auch wochentags ein beliebtes Ausflugsziel. Besonders an Tagen mit starken Nordwinden sind die Strände am südöstlichen Küstenabschnitt der Halbinsel gut besucht. Der nur rund 80 Meter lange, flach abfallende Sandstrand Loutráki wird dann von Familien mit kleinen Kindern bevorzugt, die im flachen, kristallklaren Wasser spielen und planschen können.

Klostertour mit Wanderoption

Die Klöster und Höhlen auf der Akrotíri-Halbinsel gewährten den gläubigen Kretern viele Jahrhunderte lang Zuflucht. Heute machen sich Pilger und Touristen auf den Weg zu den einsam stehenden Gotteshäusern – auf der Suche nach einem Hauch Vergangenheit, dem Segen Gottes oder einfach nur, um sich beachtliche Bauwerke in herrlicher Natur anzuschauen.
Eine schöne Zypressenallee führt vom Flughafen zunächst zum 1611 gegründeten Kloster Agía Triáda, dessen Renaissancefassade, das reich verzierte Eingangsportal und der 1864 erbaute Glockenturm schon von Weitem imponieren. Der romantische Klosterhof wird von vielen Katzen bewohnt. Im kleinen Museum werden Klosterschätze wie Ikonen, wertvolle liturgische Gewänder und Geräte ausgestellt.
Vier Kilometer nördlich liegt die im 16. Jahrhundert gegründete Moní Gouvernéto einsam auf einer Anhöhe mit schönem Blick aufs Meer. Die dort lebenden Mönche genießen die Stille sehr und halten sich rigoros an ihre Öffnungszeiten. Auch Besucher müssen sich hier an die Regeln halten und dürfen nicht an der Küste unterhalb des Klosters baden. Die Klostermauern hinter dem Klostergarten wirken in der felsigen Umgebung sehr wehrhaft. Sie sollten vor Piratenangriffen schützen. Innerhalb der Mauern ragt die Kirchenfassade empor. Sie wird von menschenähnlichen Köpfen geschmückt, die wohl den Hirtengott Pan oder Piraten darstellen. Eine religiösere Interpretation spricht hingegen von Dämonenköpfen.
Ein gepflasterter Pfad führt von der Moní Gouvernéto, an der sogenannten »Bärenhöhle« mit dem 2,50 Meter hohen Stalagmiten vorbei, hinunter in die »Schlucht der Heiligen« mit dem verlassenen Kloster Katholikó aus dem 10. Jahrhundert. Bei der eineinhalbstündigen Wanderung durch die herrliche Landschaft hat man einen schönen Blick auf das Meer. Kurz vor der einstigen Klosteranlage sieht man links eine etwa 150 Meter tiefe Höhle, in der einst der heilige Eremit Ioánnis, der Klostergründer, beigesetzt wurde. Das Renaissanceportal der kleinen Felskapelle weist auf seine Erbauung in venezianischer Zeit hin. Imposant ist außerdem eine große Steinbrücke, die auf die andere Seite der Schlucht führt.

INFO

KÖSTLICHER FISCH BEI GIGANTISCHER AUSSICHT

Das kleine Maráthi im Südosten der Akrotíri-Halbinsel ist nicht nur wegen der beiden feinsandigen und flach abfallenden Strände äußerst beliebt.
Die Kreter kommen auch aufgrund der beiden exzellenten, gleich hinter den Stränden gelegenen Fischtavernen Patrelantónis und Loúkoulos. Wer im Frühjahr kommt, wenn das Massiv der Weißen Berge noch mit Schnee bedeckt ist, genießt einen grandiosen Ausblick. Im Sommer sind die Tavernen gut besucht. Von hier aus überblickt man den Strand und die kleine Mole mit den Fischerbooten und schaut über das Meer hinweg auf das Gebirgsmassiv.
Die beiden stilvoll und dennoch leger sommerlich aufgemachten Tavernen gehören zu den beliebtesten Adressen für Fisch in der Gegend. Fehlen dürfen auf keinen Fall die leckeren Salate, typisch kretische *mezédes* und ein Ouzo.

WEITERE INFORMATIONEN

Kloster Agía Triáda: 2,5 km nördlich vom Flughafen Chaniá, tgl. 7.30–20 Uhr
Kloster Gouvernéto und Kloster Katholikó: 4 km nördlich vom Kloster Agía Triáda, Mo, Di, Do, Sa 9–12 und 17–19, So 5–12 und 17–20 Uhr

DER SEELE KRETAS AUF DER SPUR

Kretas Menschen sind stolz, eigensinnig, warmherzig und liebenswert und geben ihrer Insel das gewisse Etwas. Wer Kretas Seele entdecken möchte, sollte sich auf einer Reise daher nicht auf Urlaubsorte und Strände beschränken. Das authentische Leben versteckt sich fernab des Tourismus in den Dörfern und in den Bergen.

In seinem Buch *Im Zauber der kretischen Landschaft* schreibt Níkos Kazantzákis (1883–1957) »Kretas Geheimnis ist tief; wer seinen Fuß auf diese Insel setzt, spürt eine seltsame Kraft in die Adern dringen und die Seele sich weiten«. Das viel verwendete Zitat des bedeutenden kretischen Schriftstellers drückt wohl genau das aus, was die meisten Stammgäste der Insel zu schätzen wissen. Das Urlaubsparadies fasziniert zwar mit seinen Gebirgszügen zwischen Sonne, Strand und Meer und als Wiege der europäischen Zivilisation. Doch Kreta ist insbesondere wegen der Menschen so liebenswert und es ist meist recht einfach, sie kennenzulernen. Als Gast sollte man ihnen einfach mit

Offenheit begegnen und Lust haben, über Land und Leute zu sprechen. Wer sich auf die kretische Kultur einlässt, wird schnell vom Fremden zum Freund. Die Kreter sind nämlich nicht nur ausgesprochen gastfreundlich, sondern ausgeprägt ist auch ihr *filótimo*, ein Gefühl, das sich mit Ehre, Stolz, Würde, Respekt und Tugend nur unzureichend übersetzen lässt, aber leicht verletzt werden kann.

Obwohl Konflikte zwischen den dynamischen Kretern heutzutage, wie auch bei uns, meist gesittet gelöst werden, lebten die Insulaner einst nach ihren eigenen Gesetzen. So führten vermeintlich kleine Delikte früher im schlimmsten Fall zur Vendetta. Die Blutrache, die häufig über Generationen hinweg andauerte, wurde beispielsweise durch Landstreitigkeiten, Tierdiebstahl oder verletzte Familienehre ausgelöst. Das übermäßige Verlangen der Insulaner nach Gerechtigkeit brachte dann eine Reihe von Racheakten mit sich und erschütterte damit zuweilen ganze Regionen. Um ihr Leben zu retten, verließen einige Großfamilien scheinbar über Nacht ihre Dörfer.

Heutzutage trifft man in den Bergen immer noch auf verlassene Orte, von denen ein paar wegen einer Vendetta wortwörtlich ausgestorben sind. Von einem positiveren Ende zeugten die Fälle, in denen angesehene Dorfbewohner wie der Bürgermeister oder der Priester als Mediatoren versuchten, den Frieden wiederherzustellen. Sie vermittelten meist über Jahre hinweg zwischen den Familien, bis ein Kompromiss gefunden wurde. Die im kretischen Dialekt *sasmós* genannte Versöhnung wurde schließlich durch ein Familienband wie eine Patenschaft bekrönt.

Tief verwurzelte Güter

Dass die Kreter seit jeher ein stolzes, leidenschaftliches und freiheitsliebendes Volk sind, beweisen Generationen, die jahrhundertelang Fremdherrschern trotzten und mit Herz und Seele für die Freiheit ihrer Insel kämpften. Aufgrund der Lage im Schnittpunkt dreier Welten, also Europa, Afrika und Asien, war Kreta schon immer heißbegehrt. Die Kreter wehrten sich, nicht nur um Leben zu retten, sondern auch um langanhaltende Traditionen und Werte zu erhalten. Dies bezeugen historische Ereignisse wie zu osmanischen Zeiten der Massenselbstmord von Arkádi und die Geschichte der Melidóni-Höhle, in der über 300 Kreter erstickt wurden. Außerdem wird zum Beispiel mit dem deutschen Soldatenfriedhof in Máleme und mit vielen Denkmälern an den Widerstand gegen die deutsche Wehrmacht in Zweiten Weltkrieg erinnert. Eine wichtige Rolle bei den Freiheitskämpfen spielte schon immer die griechisch-orthodoxe Kirche. Partisanen aber auch Flüchtlinge fanden in diesen Zeiten in diversen Klöstern wie Arkádi oder Préveli Unterschlupf und auch Unterstützung bei der Flucht. In den »geheimen Schulen« der Klöster lehrten die Mönche die griechische Sprache und Kultur.

Die wichtigsten Güter der Kreter, die sich auch aufgrund ihrer Geschichte so entwickelt haben, sind bis heute die Freiheitsliebe, die Familie, die Freundschaft und die Geselligkeit. Bis heute ist der Familienzusammenhalt – zumindest vorwiegend – eine Ehrensache. Außerdem spielt die griechisch-orthodoxe Kirche weiterhin eine wichtige Rolle. So finden die größten Dorffeste, auf denen man hervorragend beobachten kann, wie mehrere Generationen gemeinsam feiern, meist am Feiertag eines Heiligen statt. Überall spürt man den Wunsch nach Lebhaftigkeit, aber auch den Stolz, ein Kreter zu sein.

↑ Kreter und Kreterinnen sind ein geselliges und offenes Volk, ↖ auch in der Männerdomäne, dem kafenío. Gern kommt man mit Fremden ins Gespräch.
← Und für's Foto posieren die meisten Kreter auch gern. Hauptsache man fragt!

IM GRÜNEN – APOKÓRONAS-HALBINSEL

Obwohl an der Nordküste der Tourismus die Überhand gewonnen hat, zeigen sich die Dörfer auf der Apokóronas-Halbinsel noch von ihrer ländlichen Seite. Die grüne und hügelige Halbinsel erstreckt sich zwischen den nördlichen Ausläufern der Weißen Berge und dem 527 Meter hohen Kap Drápano im Norden. Wohnen kann man entweder an der Küste in Kalíves und Almirída oder ökologischer im Binnendorf Vámos.

Der Blick schweift von der Apokóronas-Halbinsel entweder gen Westen in den Golf von Soúda oder gen Osten in die Bucht von Réthimno. Im Süden ist das herrliche Panorama der Weißen Berge zu sehen. Das malerische Landschaftsbild der Halbinsel wird von Weinreben, Olivenbäumen, Zypressen und Orangenhainen bestimmt. Hie und da trifft man auf bezaubernde historische Bauwerke. Die einzigen Urlaubsörtchen sind Kalíves und Almirída an der Südwestküste. Während Kalíves dank des 300 Meter langen Sandstrands und der idyllischen Flussmündung in den letzten Jahren viele britische Zuwanderer anlockte, ist Almirída besonders bei jungen Individualreisenden beliebt.

Tourismus auf dem Land

Das Herzstück von Apokóronas bildet der ursprünglich gebliebene 650-Seelen-Ort Vámos, der sich in den letzten Jahren zu einem beliebten Ziel für Ökotouristen entwickelt hat. 1995 begann hier eine Gruppe junger Kreter, traditionelle und klassische Dorfhäuser sowie eine Mädchenschule von 1863

↑ ↙ Der Urlaubsort Kalíves reizt mit seinem schönen Sandstrand und dem idyllischen Bild durch den dort mündenden Fluss nicht nur viele Urlauber, sondern auch zahlreiche fremde Zuwanderer.

zu restaurieren und zu hübschen Gästehäusern und einem Hotel umzuwandeln. Die von ihnen gegründete Gesellschaft Vamos Traditional Village vermietet die Häuser an Urlauber, die sich für das authentische Kreta abseits der touristischen Pfade interessieren. Im von ertragreichen Feldern, vielen Zypressen, Pinien und Olivenbäumen umgebenen Dorf können Gäste an ökotouristischen Aktivitäten und an Kochkursen für inseltypische Gerichte teilnehmen. Auf dem Programm stehen auch Wanderungen.

Wandern rund um Vámos

Die herrliche Landschaft rund um Vámos reizt nicht nur Naturfreunde zu ausgiebigen Touren. Für die Kreter ist das Gebiet, in dem viele Kaninchen und Dachse leben, ein beliebtes Jagdrevier. Eine der populärsten Wanderungen führt von Vámos nördlich in das unberührte Nachbardorf Doulianá. Das Dörfchen entzückt mit hübsch restaurierten Häusern in den alten Gassen. Etwa zwei Kilometer südlich von Vámos steht das liebevoll restaurierte Kloster Ágios Geórgios aus dem 16. Jahrhundert. Der 1923 zerstörte Konvent wird erst seit 1996 wieder bewohnt. Die Mönche des Klosters wurden während der osmanischen Besatzungszeit unterdrückt und bekamen erst nach 1821 wieder Freiheiten zugesprochen. Sie kauften Land und begannen kurz darauf mit der Kultivierung von Olivenbäumen. Knapp 40 Jahre später bauten sie die angeschlossene Olivenpresse, von der heute noch zwölf eindrucksvolle Mauerbogen erhalten sind.

Ursprünglichkeit gen Norden

Das kleine Dorf Gavalochóri im Landesinneren präsentiert sich mit alten Natursteinhäusern. An der Platía des Dörfchens lohnt ein Blick in das Geschäft der Frauengenossenschaft. Sie bietet dort feine hausgemachte Marmelade und das typisch griechische, in Zuckersirup eingelegte Obst *(glikó tou koutalioú)* sowie Töpfer- und Webarbeiten zum Kauf an. In einem venezianisch-osmanischen Bau ist ein kleines Folkloremuseum untergebracht. Zwölf steinerne Brunnen aus byzantinischer Zeit sieht man 500 Meter östlich der Platía. Ein weiteres kleines Dorf, das den Besuch lohnt, liegt kurz vor dem 527 Meter hohen Kap Drápano: Kókkino Chorió, das »rote Dorf«, war 1964 mit seinen engen Gassen Kulisse für einige Szenen des Films *Alexis Sorbas*. Heute verirren sich Besucher hauptsächlich wegen der Glasbläserei von Andréas Tsombanákis hier hin. Er fertigt schöne Objekte aus Altglas an.

INFO

ABSTECHER FÜR WEINLIEBHABER

1988 begann Andréas Dourákis, nachdem er im baden-württembergischen Weinsberg seinen »Kellermeister« gemacht und Berufserfahrung in verschiedenen Weingütern gesammelt hatte, mit dem eigenen Weinanbau. In seinem Heimatdorf Alíkambos eröffnete er die eigene Weinkellerei Dourákis. Die Liebe zum Wein gab er auch an seine Kinder weiter. Heute arbeitet die ganze Familie zusammen. In der bezaubernden Kellerei mitten im Grünen können Besucher bei einer Führung viel über die Weine und ihre Herstellung erfahren. Andréas Dourákis und sein Sohn Antónis sprechen gut Deutsch. Die teilweise preisgekrönten Weine der Familie werden aus ihren eigenen, biologisch angebauten Rebsorten Cabernet Sauvignon und Grenache Rouge sowie aus heimischen Rebsorten wie Mantilári oder Kotsifáli von kooperierenden Weinbauern produziert.

WEITERE INFORMATIONEN

Vamos Traditional Village: www.vamosvillage.gr

Dourakis Winery: www.dourakiswinery.gr

42

URLAUBSORT MIT AUSFLUGSOPTIONEN

WEISSE BERGE ALS KULISSE – GEORGIOÚPOLI

Die Feriendestination zwischen Chaniá und Réthimno liegt in einer grünen Küstenebene und steht nicht ohne Grund bei den meisten Reiseveranstaltern auf dem Programm. Georgioúpoli überzeugt mit einem kilometerlangen, breiten Sandstrand, einer lebhaften Atmosphäre und einem breit gefächerten Angebot an Unterkünften. Die Lage verlockt zu vielen Ausflügen in die Natur, etwa zum See von Kournás.

Viele Pauschalurlauber, die ihre Ferien im Westen Kretas verbringen wollen, landen in einem der Hotels von Georgioúpoli. Kein Wunder – touristisch ist der Küstenort gut erschlossen, bietet viele Möglichkeiten für Aktivurlaub wie Mountainbiketouren oder Reitausflüge und ein nettes Abendprogramm. Sonnenhungrige genießen Tage am zehn Kilometer langen Sandstrand, der nur von einigen Flussmündungen unterbrochen wird. Einen weiteren Pluspunkt bietet Georgioúpoli als Urlaubsstandort aufgrund der Lage zwischen den beiden sehenswertesten Städten Kretas: Chaniá und Réthimno. Ausflüge lohnen auch zu reizvollen Zielen in der Umgebung wie das Nachbardorf Vrísses, das für seinen Joghurt bekannt ist, oder ins wilde Hinterland, die Gebirgswelt der Lefká Óri. Dort lohnt die fruchtbare Askífou-Hochebene auf etwa 730 Metern Höhe mit ihren vier Dörfern einen Besuch.

Ein Sumpfgebiet im Wandel der Zeit

Entstanden ist der Küstenort unter seinem ersten Namen Almiroúpoli erst Ende des 19. Jahrhunderts. Die menschenleere Moorlandschaft am Strand zwischen zwei 500 Meter

voneinander entfernten Flussmündungen und die günstigen Landpreise verlockten einen Athener Kaufmann dazu, ein Grundstück zu erwerben. 1880 begann er, das Sumpfgebiet mithilfe der Bewohner aus der Umgebung trockenzulegen und baute das erste Haus. Das von Moskitos verseuchte Gebiet wurde mit Eukalyptusbäumen bepflanzt, die heute noch im und um den Ortskern in die Höhe ragen. Am großen Dorfplatz, an dem auch ein Denkmal des Ortsgründers steht, spenden einige der damals gepflanzten Bäume bis heute Schatten. Durch den hohen Wasserverbrauch trugen sie zur Trockenlegung bei. Den heutigen Namen bekam der Ort 1899 zu Ehren des Prinzen Geórgios, Kretas damaligem Hochkommissar.
Die Sumpf- und Feuchtgebiete der Region sind bis heute ein wichtiges Rückzugsgebiet für Schildkröten und Vögel. Die beiden ins Meer mündenden Flüsse machen Georgioúpoli besonders attraktiv. Der östlich des Zentrums zwischen den Stränden von Georgioúpoli und der angrenzenden Hotelsiedlung Kavrós ins Meer mündende Fluss entspringt nur 300 Meter landeinwärts. Von der Fußgängerbrücke kann man Aale, Schildkröten und Enten beobachten und das aus dem Sand quellende Süßwasser sehen. Nordwestlich des Zentrums dient die tiefe Mündung des Almirós als Hafen für Sport- und Fischerboote.
Der blumenreiche, gar noch ein wenig ländlich wirkende Ortskern mit Tavernen, Café-Bars, Hotels und Apartments lädt zum Verweilen ein. Ein beliebter Spaziergang führt vom kleinen Hafen über einen etwa 80 Meter langen Steindamm zum schlichten weißen Kirchlein Ágios Nikólaos. Die nachts hübsch beleuchtete Kapelle ist ein beliebtes Fotomotiv.

↑ Ein reizvoller Ausflug führt Naturliebhaber ins Landesinnere zum Kournás-See, der Badefreuden in Süßwasser verspricht.
← Die kleine Kapelle Ágios Nikólaos ist das Wahrzeichen des lebhaften Ferienorts.

Ein Ausflug zum See

Vier Kilometer landeinwärts pilgern Naturfreunde und Spaziergänger zum größeren der zwei Süßwasserseen Kretas zu Füßen der Weißen Berge. Den etwa 880 Meter breiten, 1080 Meter langen und 22,50 Meter tiefen Kournás-See umgibt ein grünes Naturschutzgebiet. Die Tavernen am Südufer vermieten Tretboote und Kanus. Im Schutzgebiet des Sees leben über 200 Vogelarten wie Wasser- und Eisvögel sowie Schwarzhalstaucher. Außerdem blühen dort an die 400 verschiedene Pflanzen. Außer Oleander, Mönchspfeffer, Brombeersträuchern, Feigen- und Eukalyptusbäumen wachsen hier Rutenglockenblumen und kretische Alpenveilchen. Die südöstlichen Hänge sind mit einem kleinen Kermes-Eichen-Wald bewachsen.

INFO

KLASSIKER UNTER DEN HOTELS

Die neuen, meist recht großen Hotels liegen fast alle direkt am langen Sandstrand östlich des Zentrums. Seit über 30 Jahren ist das Pilot Beach Resort, einen Kilometer von Georgioúpoli entfernt, eine beliebte Adresse für alle, die gerne in Großhotels Urlaub machen. Das Familienunternehmen gilt als Klassiker unter den Fünf-Sterne-Anlagen. Die 450 Zimmer und vier Restaurants des Hauses verteilen sich in einer weitläufigen gepflegten Anlage umgeben von Oliven- und Avocado-Bäumen. Für Badefreuden sorgen außer dem feinen Sandstrand vier Außenpools und ein Hallenbad. Erholungssuchende können sich im hauseigenen Olive SPA mit unterschiedlichen Behandlungen verwöhnen lassen. Auch für das Wohl der Kleinen wird im Spa, aber vor allem in den Kinderclubs gesorgt. Das Hotel ist über zahlreiche Reiseveranstalter pauschal buchbar.

WEITERE INFORMATIONEN

Pilot Beach Resort: www.pilot-beach.gr

VIEL RAUM FÜR RUHE – FRANGOKÁSTELLO

In der Streusiedlung Frangokástello sorgen unter anderem riesige Sanddünen an einem der reizenden Strände der weitgehend naturbelassenen Küstenebene zu Füßen der Weißen Berge für entspanntes Urlaubsflair. Den Namen verdankt der östlichste Südküstenort der Provinz Chaniá einem markanten historischen Bauwerk, dem Frankenkastell, das eindrucksvoll direkt am Meer die Küste bewacht.

Die beschauliche Siedlung mit wenigen Tavernen, gemütlichen Hotels und Apartmenthäusern ist seit Jahren ein beliebter Erholungsort mit zahlreichen Stammgästen. Die kleinen, gemütlichen Herbergen wie das alteingesessene Fata Morgana in einem Olivenhain oberhalb der Küste oder das Mylos, das eine restaurierte, über 100 Jahre alte Windmühle als Unterkunft bereithält, versprechen Ferientage in familiärer und freundlicher Atmosphäre. In Frangokástello dominiert das überdimensional wirkende venezianische Kastell oberhalb des Hauptstrands das Bild. Im Sommer finden in dem historisch bedeutsamen Bauwerk mit seinen markanten Zinnen oft Veranstaltungen, Theateraufführungen und Konzerte statt. Wer die Tage nicht mit Ausflügen in die gebirgige Region verbringt, genießt im Ort das Sonnenbaden am Meer.

Familienfreundliche Strände

Gleich drei Strandabschnitte sorgen in Frangokástello für erholsamen Badeurlaub. Bestens für Kinder geeignet ist der feinsandige, breite und sehr flach abfallende Hauptstrand, der sich unterhalb des Kastells etwa 150 Meter lang erstreckt. Für Abwechslung sorgt das westlich liegende Hafenbecken, das sich ebenfalls gut für einen Sprung ins kühle Nass anbietet. Wem für seine Badeerlebnisse jedoch etwas ganz Besonderes vorschwebt, der sollte den 800 Meter östlich

↑ Obwohl das auffällige Frankenkastell am Meer in idyllischer Umgebung liegt, wirkt es bis heute wehrhaft.
↙ Rund um Frangokástello werden nicht nur Sandstrand-Fans, sondern auch Freunde felsiger Badebuchten glücklich.

des Kastells liegenden Strand Orthí Ámmos aufsuchen. Die bis zu 20 Meter hohen Sanddünen erzeugen eine einzigartige Kulisse abseits des großen Trubels – auch wenn sich immer mehr Urlauber auf den Weg dorthin machen und der Strand nicht mehr ausschließlich den Einheimischen bekannt ist. Mit schnell tief werdendem Wasser eignet er sich auch gut zum Schwimmen. Im Sand kann man außerdem nach kurzem Graben zahlreiche Süßwasserquellen entdecken, die das Meerwasser erfrischend abkühlen.

Ein Kastell und seine Geister

Anders als die meisten anderen venezianischen Festungen auf der Insel wurde die Burg von Frangokástello von den Venezianern im Jahr 1370 nicht nur zum Schutz vor Piratenangriffen erbaut. Sie fürchteten sich auch vor den rebellischen Kretern der Region Sfakiá. Das Kastell, über dessen Südportal noch immer der Markuslöwe, das Wappen der Venezianer, erhalten ist, nutzten sie jedoch nie. Erst knapp 450 Jahre nach ihrer Errichtung gewann die Burg während der Türkenherrschaft an Bedeutung. 1828 kamen während des kretischen Freiheitskampfs rund 700 Soldaten vom griechischen Festland nach Frangokástello, um die Einheimischen beim Gefecht gegen die osmanischen Besatzer zu unterstützen. Da sich die Kreter trotz Verstärkung durch die griechischen Soldaten gegenüber den 8000 türkischen Soldaten in der Minderheit befanden, hatten sie allerdings keine Chance. Bereits in den ersten Tagen fielen 400 griechische Soldaten, der Rest zog sich ins Kastell zurück und verschanzte sich dort. Verhandlungen zwischen Kretern und Türken hatten schließlich ein erfreuliches Ergebnis: Die Soldaten, die überlebt hatten, durften abziehen.

Bis heute scheinen die Seelen der gefallenen Soldaten auf der Festung herumzugeistern. Jedes Jahr zwischen Mitte Mai bis Anfang Juni sollen die Geister der gefallenen Soldaten in Frangokástello erscheinen. Die sogenannten *drosoulítes* (»Tau-Schatten«) zeigen sich bei Sonnenaufgang und schleichen mit ihren Gewehren und Pferden um das Kastell. Dann verschwinden sie schnell im Meer. Erzählungen besagen, dass die *drosoulítes* 1890 die Türken in die Flucht geschlagen haben. Während des Zweiten Weltkriegs eröffneten selbst deutsche Truppen ein zielloses Feuer gegen sie. Wissenschaftlich konnte die Fata Morgana bisher nicht genau belegt werden. Man geht jedoch von einer Brechung der Sonnenstrahlen im Morgennebel aus.

INFO

WANDERUNGEN FÜR GROSS UND KLEIN

In nur drei Stunden kann man vom Bergdorf Ímbros auf der Askífou-Hochebene durch die faszinierende Ímbros-Schlucht bis ins Dorf Komitádes wandern. Die Schlucht ist außer bei schlechten Wetterbedingungen ganzjährig geöffnet und auch gut für eine Wanderung mit der Familie geeignet. Zwischen bis zu 300 Meter hohen Felswänden führt der sieben Kilometer lange, zunächst mit Zypressen, Mandel- und Feigenbäumen bewachsene Weg an einem Kiesbachbett entlang. Die immer karger werdende Umgebung zwischen den imposanten Felsformationen fasziniert besonders an der engsten Stelle der Schlucht. Die nur etwa zwei Meter voneinander steil in die Höhe ragenden Felswände wirken wie ein Felstor. Dahinter ist der Weg eher spärlich mit Zypressen, Oleanderbüschen und Salbei bewachsen. Belohnt wird die Tour am Ende mit einer fantastischen Aussicht auf das Libysche Meer.

WEITERE INFORMATIONEN

Mylos: www.milos-sfakia.com

DIE SEELE KRETAS – CHÓRA SFAKÍON

Für viele Urlauber ist das von der rauen Welt der Weißen Berge geprägte Dörfchen an der Südküste nur ein Durchgangsort. Im ganzen Land ist Chóra Sfakíon, das meist nur kurz wie die Region Sfakiá genannt wird, aber wegen seiner Geschichte bekannt, gilt sogar als »Seele« Kretas. Wer ein paar Tage bleibt, kann nicht nur viel über die kretische Kultur erfahren, sondern auch viele Ausflüge unternehmen.

Der kleine, beschauliche Ort mit seinen gerade mal 210 Einwohnern liegt, aufs Schönste eingerahmt von der schroffen Gebirgswelt, am Libyschen Meer. Eigentlich ist es kaum vorstellbar, dass Chóra Sfakíon der Hauptort einer ganzen Region sein soll. In der Region Sfakiá mit ihren insgesamt 31 Dörfchen, die teilweise komplett verlassen sind, leben knapp 1900 Einwohner. Die Menschen dieser Region, die Sfakioten, gelten als freiheitsliebend, mutig und stolz. Schon immer hat man sich in dieser Gegend gegen jegliche Fremdherrscher gewehrt. Sfakiá war sogar für rund 700 Jahre, besonders während der Zeit der türkischen Besetzung, das Zentrum der kretischen Unabhängigkeitskämpfe.

Strand- und Bergurlaub

Heute ist der kleine Küstenort mit den engen Gassen ein beschauliches Urlaubsziel mit einer von Tavernen und Cafés gesäumten Promenade und einem kleinen Hafen. Die kleine

↙ Chóra Sfakíon ist ein gemütlicher Badeort und wichtiger Hafen für Durchwanderer der Samariá-Schlucht sowie Ausgangsort für Ausflüge in die reizvolle Welt der Weißen Berge.

Platía zwischen Hafen, Ortszentrum und Promenade ist Drehscheibe des Örtchens. Dort beginnen oder beenden unzählige Wanderer täglich ihre Ausflüge in die Samariá-Schlucht. Richtig viel Trubel herrscht am Nachmittag, wenn die Fähren aus Agía Rouméli die Schluchtengänger zu den wartenden Reise- und Linienbussen bringen. Davor und danach ist es in Chóra Sfakíon herrlich still. Baden kann man im Ort entweder am kurzen kiesigen Hauptstrand im alten Fischereihafen oder am östlich des Ortskerns gelegenen Kieselstrand Vrísi hinter den Resten eines alten Festungsturms. Das eigentlich Attraktive von Chóra Sfakíon ist allerdings die reizvolle Umgebung mit der nahezu unbegrenzten Anzahl an Ausflugsmöglichkeiten und einem interessanten Angebot an Aktivitäten. Chóra Sfakíon ist ein gutes Beispiel für die beliebte Kombination von Strand- und Bergurlaub auf Kreta. Per Taxiboot oder im Rahmen einer Wanderung entlang des Europäischen Fernwanderwegs E4 kann man recht schnell zu Badebuchten des Küstenabschnitts gelangen. Im Westen lockt der von Höhlen umgebene Kieselsteinstrand Ílingas viele Schwimmer an. Etwa eine halbe Stunde läuft man zum Strand Glyká Nerá, einem der ersten FKK-Strände der Insel. In Chóra Sfakíon kann man seine Zeit aber auch mit Tauchen, Schnorcheln, Angelausflügen und Yoga verbringen.

Zeugnisse des Widerstands in den Bergen

Im rauen Hinterland kann man durch die imposanten Schluchten der Weißen Berge wandern oder sogar den zweithöchsten Gipfel Kretas, den 2454 Meter hohen Pachnés, besteigen. Bei Ausflügen in die abgelegenen Bergdörfer wird schnell klar, warum die Region Rückzugsgebiet der kretischen Widerstandskämpfer war und nie ganz von den Fremdherrschern besetzt werden konnte. Bis in jüngste Zeit waren sie nur zu Fuß oder mit Maultieren erreichbar. Dass die Blutrache bis in die Nachkriegszeit weitverbreitet war und Familien- und Mannesehre bis heute hoch geschätzte Werte der Sfakióten sind, erkennt man an vielen fast verlassenen Dörfern wie Arádena am Rand der gleichnamigen Schlucht. Von der klapprigen Straßenbrücke, die ins Dorf führt, können Mutige einen 138-Meter-Sprung am Bungee-Seil in die Schlucht wagen.
Einer der wichtigsten Anführer der kretischen Freiheitsbewegung, Ioánnis Vláchos (1725–1771), stammte aus dem Nachbardorf Anópoli. Auf der runden *platía* des Dorfs mit einigen Tavernen und *kafenía* steht das Denkmal des Nationalhelden, der aufgrund seiner Bildung *Daskalogiánnis* (»Giánnis, der Lehrer«) genannt wurde. Der Kaufmann unterstützte die Aufstände mit seinem Vermögen und unterhielt gute Kontakte zu Russland. Für den Kampf gegen die Türken sicherten ihm die Russen Hilfe zu. Die Sfakioten kämpften 1741 gegen die türkischen Truppen; die russische Hilfe blieb jedoch aus, und Daskalogiánnis wurde schließlich getötet.

INFO

BILDERBUCH-IDYLLE

Das winzige Südküstendörfchen Loutró ist vermutlich der malerischste Urlaubsort Kretas und nur mit dem Boot oder zu Fuß erreichbar. Es ist ideal für alle, die kretische Dolce Vita mit gutem Essen und einsam gelegenen Badebuchten genießen wollen. Das malerische Örtchen lebt mit dem Hotel Porto Loutró als Vorreiter für seine und von seinen Besuchern und scheint vor allem an den Sommerwochenenden aus allen Nähten zu platzen. Loutró besticht durch die abgelegene Lage und die Tatsache, dass hier kein Platz für Autos ist. Abgerundet wird die beschauliche Atmosphäre durch kleine, weiß getünchte Pensionen mit blauen Fensterläden und Türen sowie ein paar Tavernen, die leckere inseltypische Gerichte servieren. In Loutró lässt man sich von der Stille inspirieren, genießt am Abend entspannt einen Drink in einer Bar, verbringt den Tag am Strand, fährt Kanu oder wandert. Etwa 30 Minuten läuft man, vorbei an den Ruinen eines venezianischen Kastells, über die westliche Felsnase bei Loutró zum Beispiel zur schönen Nachbarbucht Fínikas.

WEITERE INFORMATIONEN

Hotel Porto Loutró:
www.hotelportoloutro.com

Die Lagune von Bálos ist einer der schönsten Strände Kretas.

WIE IM TRAUM

Kastélli Kissámou und der äußerste Westen

Akr. Hironisi
Rodopou
Akr. Vouxa
Kastro Gramvoússa
Gramvousa
Agios Ioannis Gionis
Onihas
748
Ormos Gramvoússa
Akr. Nisi
Agnion
Akr. Tigani
Ormos Agios Sostis
48
Bálos
Akr. Kremmidi
Gramvoússa
Afrata
Rodopos
Akr. Gaidaroporos
762
Geroskinos
Kolpos Kissamou
Moni Gonias
Kolimbari
Ravdouha
Akr. Tavronitis
Kamara
Maleme
90
E 75
Darmarohori
Kaliviani
Nohia
Gerani
Azogiras
Polemarhí
Falássarna
47
Kastélli Kissámou
Agios Georgios
Michael Archangelos
Modea
Ormos Livadi
45
Drapanias
Drakona
Episkopi
Xirokambi
Herethiana
Kavoussi
Platanos
Rokka
Glossa
Manoliopoulo
Potamida
Limani
Polyrinia
46
Voukolies
Kares
Akr.Papamouri
Lousakies
Polyrinia
Deliana
Pigi
Ormos Sfinari
Zimbragos
Kalathenes
Nteres
Ano Kefala
Mouri
Topolia
Sineniana
Kioliana
Sfinari
Topolia-Schlucht
Plataniani
899
Papadiana
Ano Sfinari
Koutso-matados
Mesavlia
Palaia Roumata
Akr. Pounta
Sassalos
Agia-Sophia-Höhle
Kostogiannides
Melissia
Kambos
Kehres
Vlatos
Nea Roumata
Mihaliana
Plagia
Rogdia
Akr. Karavoutas
Mili
Sembronas
Prases
Floria
Amigdalo-kefali
Keramoti
Limni
Strovles
Kefali
Elos
Vathi
Psariana
Apopigadi
1331
Plokamiana
Aligi
Agios Dikeos
1182
Tzitzifia
Agia Paraskevi
Tourli
Akr. Mavros
Anisaraki
Agia Irini
Kanadanos
1458
Ormos Stomiou
Moustakos
Epanohori
Arhondiko
Kambanos
Agios Theodor
Vamvakades
1018
Sarakina
Moni Chrisoskalítissa
Chrisoskalítissa
Doupolis
Voutas
Sarakina-Schlucht
Kakodiki
Temenia
Psil
Sklavopoula
Moni
Akr. Lentos
Azogires
Kadros
Papadiana
Kamaria
49
Elafoníssi
Kondokinigi
Agii Theodori
Kalamos
Azogires
Tripi Schlu
Elafoníssi
Prodromi
Ormos Vroulea
Anidri
Sougia
Viena
Agios Antonios
Lissos
50
Koundoura
Ormos Sougias
Pikilassos
50
Akr. Mavro Mouri
Kastelli Selinou
Paleóchora
Akr. Krios
Ormos Kriou Halikia
Akr. Trahili
Akr. Flomes
N
0
5 km

ZWISCHEN TRAUMSTRÄNDEN – VON BÁLOS BIS SOÚGIA

IM HINTERLAND VON KASTÉLLI KISSÁMOU

Kretas äußerster Westen ist mit postkartenreifen Stränden ein Paradies für Meereshungrige, bietet zugleich aber auch Einblick ins kretische Kleinstadtleben. Die Tour führt durch idyllische Bergdörfer, entlang toller Küstenabschnitte, zu Schluchtenwanderungen und Südküstenorten, die ideal für Individualurlauber sind.

Die Kleinstadt 45 **Kastélli Kissámou** bezaubert mit dem kretischen Provinzstadtalltag und versteckt im Hinterland einiges, was es zu entdecken gilt – vom Bergdorf Polirrínia bis zu Wanderungen rund um die Dörfer Delianá und Rókka. Zudem ist es ein guter Ausgangspunkt, um die paradiesischen Strände des Westens zu erkunden. Vom Hafen von Kíssamos starten täglich Ausflugsboote zur Lagune von 48 **Bálos**. Die wunderschöne Bucht ist aber auch per Auto über das kleine Dorf Kalivianí erreichbar, wo die etwas mühsamere, aber schöne Fahrt über eine Schotterpiste beginnt. Nur einen Katzensprung von Kalivianí lockt allerdings der schöne Strand von 47 **Falássarna**, wo feiner Sand, fesselnde Sonnenuntergänge und die Ruinen einer Hafenstadt faszinieren. Einsamkeits-Fans verzückt von dort die Westküstenstraße nach 49 **Elafonìssi**. Auf der kaum befahrenen Strecke eröffnen sich immer wieder grandiose Ausblicke aufs Meer. Einen Zwischenstopp ist das weithin sichtbare Kloster Chrisoskalítissa wert.

Beliebtester Urlaubsort der Südwestküste ist 50 **Paleóchora**, östlich von Elafonissi. Auf dem Weg dorthin geht es landeinwärts hinauf in die Berge, wo man ein paar weltabgeschiedene Dörfer wie Élos und Strovlés passiert. Dahinter windet sich die Straße wieder hinab und folgt ab Plemenianá einem Flusstal bis Paleóchora. Der reizende Badeort vor der malerischen Bergkulisse ist aber nicht der einzige Urlaubsort der Gegend. Und obwohl gerade mal zwölf Kilometer Luftlinie Paleóchora von seinem Nachbarn trennen, ist 50 **Soúgia** nur durchs Landesinnere in knapp einer Stunde zu erreichen. Belohnt wird man in dem sympathischen Ort mit süßem Nichtstun und Möglichkeiten zum einsamen Wandern, zum Beispiel in der Agía-Iríni-Schlucht. Die Rückfahrt erfolgt wieder über Élos, durch Kretas ältesten Straßentunnel und vorbei an der imposanten Topólia-Schlucht. Vor der Ankunft an der Nordküste lohnt das Naturphänomen von 46 **Potamída** einen Schlenker.

INFO

TOUR

Start: Kastélli Kissámou
Ziel: Kastélli Kissámou
Länge: 235 km
Dauer: : 5–6 Tage
Beste Reisezeit: Nebensaison, damit die Strände nicht zu voll sind.
Unterkunft: Sapphire Horizon Suites, Kastélli Kissámou, www.sapphire-horizon.gr, Kavousi Resort, Falássarna, www.kavousi-falasarna.gr, Xasteriá, Chrisoskalítissa, http://xasteria.hotelscrete.net, Villa Galini, Soúgia, www.galinisougia.com, Aris Hotel, Paleóchora, www.arishotel.gr, Elia Hotel & Spa, Áno Voúves, www.elia-crete.com.gr

WEITERE INFOS

Wer sich das Auf und Ab in den Bergen im Süden ersparen möchte, kann sich entweder in Paleóchora oder Soúgia einquartieren und den Küstenabschnitt inkl. Elafonìssi per Boot erkunden, www.sougiacruises.gr, www.boattrip.gr.

EIN BESCHAULICHES PROVINZSTÄDTCHEN

URSPRÜNGLICHKEIT – KASTÉLLI KISSÁMOU

Kretas westlichste Stadt ist seit der Antike ein Hafenplatz. Viel hat sich daran nicht geändert. Die Landstadt mit rund 4200 Einwohnern zeigt sich weiterhin ursprünglich, ist Zentrum für die abgelegenen Dörfer in Kretas Westen und ein guter Standort für alle, die sich Urlaub unter Einheimischen wünschen. Nur wenige Autominuten entfernt bietet das Bergdorf Polirrínia ein herrliches Panorama auf die Bucht.

Obwohl eine modern gestaltete, autofreie Uferpromenade mit Cafés und Tavernen sowie ein paar kleine Strandhotels und Pensionen mittlerweile auch in Kastélli Kissámou vom ankommenden Tourismus zeugen, spielt er im verschlafenen Ort nur eine Nebenrolle. Kíssamos, wie die Kreter das Städtchen kurz nennen, liegt in der tiefen Bucht zwischen den zwei bisher noch recht naturbelassenen Halbinseln Rodopoú im Osten und Gramvoússa im Westen. Beide Landzungen sind ideale Wanderreviere für alle Reisenden, die Einsamkeit bevorzugen, oder für Badefreunde auf der Suche nach winzigen Buchten. In Kíssamos laden zwei Strände zum Baden ein: Östlich der Uferpromenade erstreckt sich der Sand- und Kiesstrand Telonío und westlich des Zentrums der Sandstrand Mávros Mólos.

45

↙ Inmitten des Provinzstädtchens mit seinen vielen Wohnhäusern und einigen Hotels findet man auch stille Plätzchen.
↑ Im Hinterland liegt eine reizvolle Hügelwelt rund um das Bergdorf Polirrínia.

Kretischer Alltag im Provinznest

Wirtschaftlich sind für die Einheimischen in Kíssamos bis heute ihre Weingärten und Olivenhaine sowie die Kastanienwälder der Umgebung von Bedeutung. Außerdem beschäftigt man sich weiterhin mit der Fischerei. Davon zeugt auch der Fischerhafen, der zwei Kilometer außerhalb des Städtchens liegt. Im beschaulichen Ortskern, der sich nördlich der Nationalstraße bis zum Meer erstreckt, findet man noch viele urige Gemischtwarenhandlungen für den Bedarf der Einheimischen, einen traditionellen Barbier für die Herren, ursprüngliche Kaffeehäuser und *rakádika*.
Besonders vormittags, wenn die Bauern aus den umliegenden Dörfern mit ihren Pick-ups in das Städtchen kommen, um Einkäufe zu erledigen, wirkt Kíssamos äußerst lebendig. Am Abend hingegen geht es recht gemächlich zu. Sehenswürdigkeiten gibt es bis auf ein paar Überreste eines griechisch-römischen Bads und dem 2006 eröffneten Archäologischen Museum kaum. Im hübsch restaurierten venezianisch-osmanischen Verwaltungsbau mit acht Sälen auf zwei Etagen werden Funde aus der Region ausgestellt. Highlights sind zwei Bodenmosaike aus dem 1. und 2. Jahrhundert. Das ältere zeigt in der Mitte die mythologischen Göttinnen der einst drei Jahreszeiten Frühling, Sommer und Winter, die sogenannten Horen, und in den Ecken die vier uns bekannten Jahreszeiten. Das andere Mosaik präsentiert Dionysos, den Gott des Weins, die Fruchtbarkeit und das Theater.

Antike Stadt in grandioser Landschaft

Sieben Kilometer südlich von Kíssamos liegt in herrlicher Natur das Bergdorf Polirrínia mit den frei zugänglichen Ruinen der Akropolis der antiken Stadt Polyrheneia. Im winzigen Dörfchen scheint die Zeit stehen geblieben zu sein, auch wenn es durch wenige Hausrestaurierungen langsam wieder zum Leben erwacht. Außer alten Häusern sind die Überreste einer Wasserleitung und einer Zisterne aus Kaiser Hadrians Zeiten zu sehen. Zum Akropolis-Hügel weist am Ortsanfang das Schild »Ancient Polirinia Acropolis«. Der befahrbare Weg endet vor der Kirche Agíi Patéres, die an der Stelle eines alten hellenistischen Baus errichtet wurde. In die Mauer des Kirchleins sind alte Steinblöcke eingearbeitet. An der Westwand sind noch antike Inschriften erkennbar. Davor liegen zwei traditionelle Dreschplätze, außerdem sind die Grundrisse von alten Zisternen zu sehen. Ein Pfad führt hinter der Kirche zwischen bis zu drei Meter hoch wachsendem Riesenfenchel auf den Hügel hinauf. Nach 15 Minuten trifft man auf eine kleine Kapelle unter Olivenbäumen. Weitere zehn Minuten Fußweg sind es dann noch bis zum Gipfel mit den Resten der Stadtmauer und einiger Zisternen. Der Panoramablick auf das Tal und das Meer ist fantastisch.

INFO

VERSTECKT FISCH ESSEN

Bergig, karg und einsam wirkt die Halbinsel Rodopoú im Osten der Bucht von Kíssamos aus der Ferne. Kommt man etwas näher, trifft man an ihrem Fuß im Süden jedoch auf üppige Olivenhaine und Weinfelder. An ihrer Westseite liegt etwa 100 Meter über dem Meeresspiegel das winzige Dorf Ravdoúcha, das aufgrund der sehr beliebten Taverne Vráchos sto Kíma (oder »Waves on the Rock«) von Thodorís Faleläkis in den letzten Jahren bekannt geworden ist. Eine Serpentinenstraße führt vom Dörfchen hinunter zum Meer und zur einsam gelegenen Taverne an einem kurzen Kiesstrand. Die Lage in der Kies- und Felsbucht ist einzigartig. Kein Wunder, dass die Kreter das Flair kombiniert mit den exzellenten frischen Fischgerichten bei einem guten Preisleistungsverhältnis zu schätzen wissen.

WEITERE INFORMATIONEN

Waves on the Rock:
www.wavesontherock.eu

Das Sediment, das unter anderem aus Pyrit besteht und Spuren von Gold enthält, wurde von holländischen Wissenschaftlern und der Universität Kreta untersucht. Die Formationen existieren bereits seit 7,2 Millionen Jahren.

46

IDYLLE IN GRANDIOSER LANDSCHAFT

REFUGIEN – RÓKKA, DELIANÁ UND POTAMÍDA

Im Hinterland von Kíssamos entzücken zahlreiche verschlafene Dörfer in herrlichen Landschaften nicht nur Naturliebhaber. Die Pyramiden von Potamída oder der Troulí-Hügel von Rókka sind auch perfekt für ein außergewöhnliches Urlaubsfoto. Wanderer reizen die Schluchten Rókka und Delianá.

Sechs Kilometer südöstlich von Kastélli Kissámou treffen Entdecker auf eine einzigartige und auffällige Mondgebirgslandschaft, die sowohl wissenschaftlich als auch kulturell von besonderem Interesse ist. Außerhalb des kleinen Dorfs Potamída erheben sich die fotogenen *komólithi* (»Halbsteine«), die ihre pyramidenartige Form menschlichem Einfluss zu verdanken haben. Das Material der geologischen Monumente diente vor Entdeckung des Zements der Dachabdeckung von Häusern in der Region.

Hügel- und Schluchtenlandschaft

Wanderer, die weniger bekannte Strecken erkunden möchten, lockt die fantastische Landschaft rund um die Dörfer Delianá und Rókka. Das venezianische Dorf Rókka schmiegt sich fotogen an das markante Felsplateau Troulí. Vom Dorfrand hat man faszinierende Ausblicke in die wilde Schlucht mit ihren etwa 200 Meter hohen Felswänden. Die mit blauen Punkten markierte Strecke durch die Schlucht, die teilweise nur fünf Meter breit und mit vielen Kapernsträuchern bewachsen ist, beginnt im Dorf Koléni und führt zu einer venezianischen Bogenbrücke. Eine weitere, auch für Kinder geeignete Wanderung durch die mit Steinmännchen markierte und mit Platanen bewachsene Delianá-Schlucht beginnt am Ortsausgang von Delianá. Kirchen-Fans können von Delianá einen Abstecher ins Dorf Episkopí machen. Dort steht die dem Erzengel Michael geweihte, quadratische Rotónda aus spätbyzantinischer Zeit mit ihrer auf Kreta einzigartigen, stufenförmigen Kuppel.

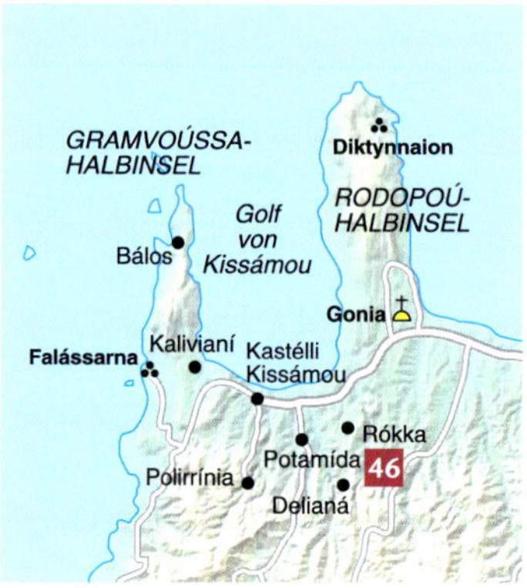

Sowohl die Felswände als auch die Ruinen der antiken Stadt bezeugen die Anhebung der Westküste in den letzten Jahrhunderten, während Teile der Ostküste im Meer versanken. Das alte Hafenbecken liegt heute rund sechs Meter über dem Meeresspiegel.

47

KRETAS SCHÖNSTER STRAND

KRISTALLKLARES WASSER – FALÁSSARNA

Die Bucht mit dem langen Dünenstrand an Kretas Westküste begeistert nicht nur Badeurlauber. Feiner Sand und in jeglichen Blautönen schimmerndes Wasser locken besonders viele Einheimische an. Archäologie-Fans pilgern zu den heute über dem Meeresspiegel liegenden Überresten einer antiken Hafenstadt.

Für viele Kreter, aber auch für Touristen ist der Strand an Kretas Westküste der schönste der Insel. Dennoch ist er aufgrund seiner abgelegenen Lage noch nicht überlaufen – zumindest nicht an Wochentagen. Schon der Panoramablick auf die Bucht, der sich hinunter zum Strand eröffnet, ist grandios. Der bis zu 100 Meter breite, flach abfallende Sandstrand leuchtet herrlich weiß mit rosafarbenen Spuren von zerbrochenen Muscheln und Korallen und bildet einen fantastischen Kontrast zum Blau des Meers, zum Grün der Ebene und den eigenartigen Felsen im Hintergrund. Der Hang ist von vielen Olivenbäumen bewachsen und wird von zahlreichen Gewächshäusern geprägt. In der kleinen Streusiedlung haben in den letzten Jahren auch einige Tavernen, Pensionen und Strandbars eröffnet, die Sonnenschirme und Liegen vermieten. Meiden sollte man Falássarna an Tagen mit starken Westwinden, denn der aufgewirbelte feine Sand kann sehr schmerzhaft sein, und die Wassertemperaturen sinken deutlich.

Antike Hafenstadt über dem Meer

Nördlich des Strands gelangt man über einen Feldweg durch einen Olivenhain, in dem kurios eine Art Thron steht, zu den Ausgrabungen der antiken Hafenstadt Falássarna. Das antike Falássarna wurde erst nach den Minoern gegründet und in nachchristlicher Zeit wieder verlassen. Zwischen lilafarbenen Disteln sieht man außerdem verstreut die Überreste von zwei Türmen der Stadtmauer. Erkennbar sind auch eine Zisterne, Tonbadewannen und diverse Fundamente von Gebäuden.

→ Wanderer in der hübschen Imbros-Schlucht.
↑ In allen erdenklichen Blau-, Grün- und Türkistönen schimmert das Meer in der Lagune von Bálos.
← Wie tief die Religion in der griechischen Kultur verwurzelt ist, sieht man an zahlreichen Kirchlein mitten im Nirgendwo.
↓ Die Gegend ist ein Naturparadies.

PIRATENBUCHT – GRAMVOÚSSA UND BÁLOS

Kretas westlichste Halbinsel schiebt sich tief ins Meer hinein und ist eigentlich recht einsam, wäre da nicht die südseehafte Lagune von Bálos, die täglich etliche Touristen anzieht. Die einstige Piratenbucht mit dem feinen Sandstrand schimmert in allen Blau-, Grün- und Türkistönen und bietet eine fantastische Aussicht auf die vorgelagerte, unbewohnte Festungsinsel Ímeri Gramvoússa.

Der einzige Ort auf der unbewohnten felsigen Halbinsel Gramvoússa ist das zwischen Olivenhainen gelegene, ursprüngliche Dörfchen Kalivianí an ihrem Ostfuß, das mit einer guten Taverne und dem winzigen Hotel Kalivianí Traditional auf Gäste wartet. Wer sich mit dem Auto auf den Weg nach Bálos macht, sollte bedenken, dass es am Strand nur eine kleine, einfache Sommertaverne mit dem Nötigsten gibt. Zur eigenen Sicherheit sollte man zumindest Wasser dabeihaben. In Kalivianí beginnt die raue Piste, die sich über die Landzunge gen Norden schiebt und oberhalb des Strands von Bálos endet. Von dort oben eröffnet sich eine herrliche Aussicht auf das noch etwa 30 Gehminuten entfernte, exotisch anmutende Badeparadies und die markanten, vorgelagerten Inselchen Ímeri Gramvoússa (die »Zahme«) und Ágria Gramvoússa (die »Wilde«). Noch in den 1990er-Jahren waren auf der Landzunge nur vereinzelte Badegäste und Wanderer unterwegs. Mit Einsatz der täglich verkehrenden Ausflugsdampfer ab Kíssamos änderte sich das

48

↙ **Mit dem Auto kann man Bálos über die unbewohnte und einsame Halbinsel Gramvoússa erreichen.**

jedoch wie im Handumdrehen. Im Sommer liefern mehrere Schiffe von Cretan Daily Cruises im Rahmen von Tagesausflügen mit Halt an der Festungsinsel Ímeri Gramvoússa Hunderte Touristen am Lagunenstrand ab. Einsamkeit sucht man in der Hochsaison vergeblich.

Badevergnügen für die ganze Familie

Die seichte Lagune von Bálos erstreckt sich zwischen der mit Mastixsträuchern und Erdbeerbäumen bewachsenen Halbinsel Gramvoússa im Osten und dem Kap Tigáni im Westen. Entstanden ist das bezaubernde Strandparadies mit weißen Dünen, den Abschnitten aus rosa schimmerndem Muschel- und Korallensand und dem türkis leuchtenden, nur selten mehr als 50 Zentimeter tiefen Wasser durch die tektonische Erhebung Westkretas. Kreta hat sich auf dieser Seite etwa sechs bis neun Meter angehoben, während der Osten entsprechend gesunken ist. So ist auch die begehbare Landbrücke aus Sand und Lavastein zwischen der Halbinsel Gramvoússa und dem einstigen Inselchen Tigáni in der Bucht entstanden. Weitere Sandanschwemmungen sorgten für die heutige Form der Lagune, die Piraten einst als Versteck diente, und natürlich für das entstandene Südseeflair, das Besucher außerhalb der Saison und an Tagen ohne starke Nordwinde träumen lässt.

Sonnenreiche Festungsinsel

Der Besuch der unbewohnten Festungsinsel Ímeri Gramvoússa ist nur im Rahmen des Tagesausflugs mit den Passagierschiffen möglich. Auf der rund einstündigen Fahrt bis zur Insel kann man an den Felsformationen der kretischen Küste die tektonische Hebung Westkretas seit dem 5. Jahrhundert erkennen. Auf der Insel Ímeri Gramvoússa, rund einen Kilometer vor der kretischen Küste, sind die Ruinen einer venezianischen Festung erhalten, die zwischen 1579 und 1584 erbaut wurde. Im 19. Jahrhundert konnten die Kreter das Eiland durch eine List von den osmanischen Fremdherrschern zurückerobern, sodass sich rund 3000 Flüchtlinge innerhalb der Mauern vor den Türken schützen konnten. Die schweren Lebensbedingungen auf der abgelegenen Felsinsel verführten viele Bewohner jedoch zur Piraterie. Nach Kretas Befreiung Ende des 19. Jahrhunderts wurde die Festungsinsel verlassen.

An der Anlegestelle staunt man über das fotogen vor der Insel liegende Schiffswrack. Die Dimitrios P strandete hier im Januar 1968 wegen eines Unwetters. Ein schmaler Pfad leitet Besucher heute in etwa 20 Minuten auf die Festung in 137 Meter Höhe hinauf. Umschlossen von einem einst einen Kilometer langen Mauerring liegen im weitläufigen, sonnenreichen Gelände die Reste einiger Gebäude und Zisternen. Lohnenswert ist der Aufstieg entlang des von Agaven bewachsenen, steilen Hangs insbesondere wegen des grandiosen Panaromas über das Meer hinüber zur Lagune von Bálos.

INFO

GUT ESSEN IN LÄNDLICHER IDYLLE

Das ursprüngliche Dörfchen Kalivianí ist nicht nur der einzige Ort auf der sonst unbewohnten Gramvoússa-Halbinsel, sondern auch ein schönes Ziel in dieser Ecke Kretas, um in ländlicher und stimmungsvoller Atmosphäre gut zu essen. Die Taverne Gramboússa gilt mit leckeren und zum Teil pfiffig abgewandelten kretischen Gerichten und dem liebevoll gestalteten Ambiente als eine der besten Adressen der Gegend, auch wenn sie im Sommer durch die vielen Bálos-Besucher oft ziemlich überfüllt ist. Die malerische, von vielen Katzen bewohnte Terrasse bietet Gemütlichkeit, Bäume und duftende Kräuter sowie Aussicht auf die wunderschöne Landschaft mit ihren sanften Hügeln und das Meer. Als Spezialitäten gelten das im Ofen gebackene Lamm in Blätterteigkruste, das Kaninchen in Zitronenblättern oder der Ofen-Schafskäse mit der hausgemachten Ziegenbutter, *stáka*, Tomaten und Paprika.

WEITERE INFORMATIONEN

Cretan Daily Cruises:
www.cretandailycruises.com
Hotel Kaliviani Traditional:
www.kaliviani.com
Taverne Gramvoússa:
www.gramvousarestaurant.com

ZAUBERHAFTES FARBENSPIEL – ELAFONÍSSI

Der exotische Sandstrand von Elafoníssi bildet zusammen mit dem gleichnamigen vorgelagerten Eiland eine faszinierende Lagune mit unglaublichen Farbkontrasten. Eine der bekanntesten Strandlandschaften Kretas fasziniert mit feinsandigen Stränden, in Blau und Grün schimmerndem Wasser und viel unberührter Natur. In der Nähe lohnt der Besuch des legendenumwobenen Klosters Chrisoskalítissa.

Besonders in der Nebensaison – wenn sich nicht allzu viele Ausflugsbusse auf den Weg nach Elafoníssi machen – kommt man an Kretas exotischem Traumstrand ins Schwärmen. Am besten bleibt man über Nacht in der Gegend, sodass man ungestört und in Ruhe, also frühmorgens und spätnachmittags, die exotische Schönheit von Elafoníssi genießen kann.

Von der Nordküste erreicht man Kretas Südseestrand über zwei Strecken. Wer die westliche Küstenstraße mit herrlicher Sicht auf das Meer wählt, passiert einige kleine Dörfer und karge Landschaften. Die Route im Inselinneren führt indessen durch die fantastische Bergwelt. Sie durchquert beim Örtchen Topoliá den ältesten Straßentunnel der Insel und passiert später das Zentrum des kretischen Esskastanienanbaus beim Dorf Élos. Beide Zufahrtsstraßen vereinigen sich vor dem auf einem Felsen thronenden, weißen Kloster Chrisoskalítissa vier Kilometer nördlich von Elafoníssi.

Sagenhafte Geschichten um ein Gotteshaus

Das liebevoll restaurierte Kloster Chrisoskalítissa steht fotogen auf einem Hügel oberhalb einer kleinen Bucht. Wie auch um andere kretische Klöster und Kirchen ranken sich um Chrisoskalítissa einige Legenden. Als man sich im Byzanti-

↑ Interessierte sollten auf der Hinfahrt einen Halt am legendenreichen Kloster Chrisoskalítissa einlegen.
↙ In Elafoníssi vergisst man schnell, dass man am Mittelmeer ist. Hier kommt Karibik-Flair auf.

nischen Reich um die Frage stritt, ob Heilige und biblische Szenen in Bildern dargestellt werden dürfen, also während des Bilderstreits (726–843), soll jemand eine Ikone der Mariä Himmelfahrt versteckt haben. Die Ikone wurde von einem Bauern in einer Felsspalte gefunden und an einem Felsen platziert, an dem er eine Kirche bauen wollte. Da die Ikone sich von selbst zurück an ihren Fundort bewegte, deutete der Bauer dies als himmlisches Zeichen: Die Ikone wollte, dass die Kirche auf und nicht neben dem Felsen erbaut wird. Eine weitere Ikone der Muttergottes, die heute in einem Hohlraum an der langen Treppe steht, erinnert an die nächste seltsame Geschichte. Ein Bienenschwarm, der dort nistete, soll es 1824 geschafft haben, türkische Soldaten auf dem Weg zur Plünderung des Klosters aufzuhalten. Rätselhaft wird wohl auch bleiben, woher der Konvent seinen Namen »Goldene Treppe« hat. Vermutlich verdankt er ihn allerdings nicht der letzten der 98 Stufen, die aus Gold sein soll und nur von denen gesehen werden kann, die ohne Sünde sind. Glaubhafter ist, dass man während der Türkenherrschaft den kostbaren Besitz des Klosters in einer der Stufen versteckte.
Wer die lange Treppe hinaufsteigt, sieht außer der Klosterkirche zwei kleine Museen. In einem werden Ikonen aus dem 18. und 19. Jahrhundert ausgestellt. Ein kleines Folkloremuseum zeigt Objekte aus dem traditionellen Alltag sowie Webarbeiten. Außerdem wurde eine winzige Klosterzelle und eine »geheime« Schule nachgebaut, die während der türkischen Herrschaft des heimlichen Lehrens der griechischen Sprache gedient haben soll.

Strand mit Südseeflair

Gerade mal 100 Meter trennen das vorgelagerte Inselchen Elafoníssi vom gleichnamigen weitläufigen Sandstrand mit Beach Bars, Liegen und Sonnenschirmen an Kretas Südwestküste. Das oft nur kniehohe, recht warme Wasser in der lichtblauen Lagune kann man gut durchwaten. Oft formt sich auch ein Sandstreifen zwischen Küste und Insel, sodass man trockenen Fußes hinübergelangt – zur malerischen Strandlandschaft von Elafoníssi. Feinster weißer Sand mit heimischen weißen Sandlilien, unter Naturschutz stehende Strandhyazinthen und rosafarbene Abschnitte, die durch winzige Muscheln entstehen, das in allen Grün- und Blautönen schimmernde glasklare Meer und die zahlreichen kleinen Buchten mit Sanddünen und schroffen Felsen erzeugen an den wenigen ruhigen Tagen außerhalb der Saison Südseefeeling.

INFO

SANFTER TOURISMUS
Nördlich von Elafoníssi erlebt man im Öko-Dorf Miliá Mountain Retreat das Kontrastprogramm zum Strand mit Karibikflair. In den 1980er-Jahren begann eine Gruppe Einheimischer das verlassene Dörfchen nach ökologischen Prinzipien zu restaurieren und die etwa 120 Hektar großen Ländereien zu bewirtschaften. Das von Platanen und Kastanienbäumen umgebene Dorf wurde zur ökologisch freundlichen Agrotourismus-Anlage umgewandelt. 13 Natursteinhäuser aus dem 17. Jahrhundert, teilweise direkt an die Felswand gebaut, sind mit traditionellen Elementen ausgestattet. Eine ökologische Zentralheizung sorgt für wohlige Wärme. Strom wird durch Solar- und Windenergie gewonnen. Wer will, kann an Landwirtschaftsarbeiten, Koch- oder Malkursen teilnehmen. Im Restaurant werden kreativ abgewandelte traditionelle Gerichte aus Bio-Produkten gekocht.

WEITERE INFORMATIONEN
Miliá Mountain Retreat: www.milia.gr

IM WILDEN WESTEN – PALEÓCHORA UND SOÚGIA

Immer wieder eröffnen sich auf der serpentinenreichen Fahrt von der Nordküste zum Südküstenort Paleóchora großartige Panoramen der Weißen Berge. Der größte und wichtigste Urlaubsort an der Südwestküste ist ein beliebtes Ziel vieler deutscher und österreichischer Individualtouristen und – wie der nächste, viel ruhigere und kleinere Küstenort Soúgia – auch bei jungen Kretern äußerst beliebt.

Die recht große Siedlung mit knapp 1900 Einwohnern ist der lebendigste Küstenort an der westlichen Südküste. Paleóchora liegt gesäumt von zwei Stränden auf einer schmalen Halbinsel. Im Westen verläuft der flach abfallende, breite Sandstrand Pachiá Ámmos. Freunde von Kieselsteinen freuen sich über den Strand Vótsala an der Ostseite vor dem beliebten Campingplatz. Bereits in den 1970er-Jahren kamen die ersten Rucksacktouristen in den Ort mit den symmetrisch angelegten Straßen und den in hellen Farben gestrichenen Häuschen. Zwischen den Häusern der Einheimischen stehen verstreut einige kleine Hotels und gemütliche Apartmentanlagen, die das Bild des Städtchens aber nicht dominieren. Eine gute Mischung von Individual- und Pauschalreisenden, Familien mit Kindern, Paaren, Gruppen junger Leute und Einheimischen erzeugen in Paleóchora eine besonders entspannte Atmosphäre.

↙ **Rund um den Ort kann man unterhalb der Steilküsten unterschiedlichste Strandabschnitte entdecken.**

Unterwegs in und um Paleóchora

Bereits 1282 errichteten die Venezianer am Ende der heutigen von Cafés, Bars und Tavernen gesäumten Hauptstraße, die abends zur quirligen, autofreien Flaniermeile wird, das kleine Kastell Sélino. Seine Fundamentreste liegen zwischen Disteln und Thymian auf dem Hügel des alten Dorfkerns und sind mit dem herrlichen Blick auf das Libysche Meer allabendlich Treffpunkt zum Sonnenuntergang. Wer Lust hat, kann im Ortskern von Paleóchora auch das außergewöhnliche Museum *The Acritans of Europe* besuchen. Der örtliche Kulturverein setzt dort mit von Malereien, Instrumenten, Waffen und einigem mehr europäische Helden und Epen aus byzantinischer Zeit und dem Mittelalter in Szene. Unternehmungslustige können von Paleóchora Ausflüge unternehmen, beispielsweise per Linienschiff zur südlichsten Insel Europas, Gávdos, und zu anderen Südküstenorten oder einfach in die Dörfer des Hinterlands und zu abgelegenen Stränden. Äußerst beliebt sind in der Gegend auch Fahrradtouren.

Friedlich in einer weiten Felsbucht

Deutlich kleiner und ruhiger als Paleóchora ist der Weiler Soúgia weiter östlich, der gerade mal etwas mehr als 200 Einwohner zählt. Der einsam gelegene Badeort am Ende eines langen Tals zieht mit seinem einen Kilometer langen Kies- und Grobsandstrand und dem Campingplatz am östlichen Teil des Strands ein überwiegend jüngeres Publikum an. Auch FKK-Urlauber kommen gerne nach Soúgia. Das Leben spielt sich an der etwa 200 Meter langen, von Cafés und Tavernen gesäumten Uferpromenade ab. Dort werden auch Zimmer vermietet. An den Wochenenden kommen Ausflügler aus Chaniá in den Küstenort, der trotz der recht neuen Verbindungsstraße von Norden her von der Außenwelt nahezu abgeschlossen zu sein scheint. Die Zufahrtsstraße hat Soúgia einst seine Funktion als Handelshafen für die Waren aus den Dörfern im Hinterland genommen. Heute leben die Einwohner vorwiegend vom Tourismus.
Interessierte können sich in der modernen Dorfkirche Ágios Panteleímonas den Teil eines Bodenmosaiks aus einer frühchristlichen Basilika vom 6. Jahrhundert ansehen. Und bei Wanderungen hat man Gelegenheit, die unberührte Natur zu genießen. Eine interessante Strecke, ein Teil des Europäischen Wanderwegs E4, führt in etwa 90 Minuten gen Westen durch einen Pinienwald zu den Ruinen des antiken Líssos, unter denen einen hübsche Bucht mit Kieselsteinstrand Badefreunde anzieht. Die von Dorern gegründete Stadt wurde im 9. Jahrhundert zerstört. Zu sehen sind Überreste römischer Grabgewölbe und eines bedeutenden Tempels für den Heilgott Asklípios. Der Tempel mit einem von geometrischen Figuren geschmückten Fußbodenmosaik war zwischen dem 1. Jahrhundert v. Chr. und dem 1. Jahrhundert n. Chr. ein wichtiges Ziel für Pilger, die in den Thermalquellen rund um den Tempel ihre Leiden auskurierten.

INFO

IM HINTERLAND WANDERN

Über die asphaltierte Serpentinenstraße, die von Soúgia an die Nordküste führt, erreicht man den Eingang der gut sieben Kilometer langen Agía-Iríni-Schlucht unterhalb des gleichnamigen Dorfs. Besonders schön ist die etwa dreistündige Wanderung durch die weniger bekannte, aber dennoch reizvolle Schlucht im Frühjahr, wenn die Kräuterfelder blühen und der Geruch von Salbei, Rosmarin und Thymian in der Luft liegt. Der befestigte, von vielen Platanen, Pinien und Oleander gesäumte, gen Süden verlaufende Weg führt zwischen etwa 100 Meter hohen, eindrucksvollen Felswänden entlang und ist im Vergleich zur bekannten Samariá-Schlucht erfreulicherweise noch nicht überlaufen. Stufen und Brücken, die über das Flussbett des Ageriniótis führen, erleichtern das Vorankommen. Wer die knapp sechs schattenlosen Kilometer vom Ende der Schlucht bis nach Soúgia oder die Strecke zurück bis zum Auto nicht laufen möchte, sollte sich im Voraus um die Rückfahrt kümmern.

WEITERE INFORMATIONEN

Soúgia: www.sougia.info

→ Romantisch wird es zur Zeit des Sonnenuntergangs am venezianischen Hafen von Chaniá.
↑ Der Strand von Elafoníssi mit seinem klaren, ruhigen Wasser ist für viele der absolute Traumstrand.
← Die Messará ist die fruchtbarste und größte Ebene der Insel.

REGISTER

Die riesigen Aufbewahrungsgefäße píthoi nutzten die Minoer für Wein und Öl. Einer der beliebtesten Urlaubsorte rund um Réthimno: Georgioúpoli. Frisches Obst und Gemüse bekommt man fast überall. Das Kloster Préveli liegt oberhalb einer Steilküste im Süden. Viele Tavernen in urigen Dörfern werden mit viel Liebe zum Detail dekoriert. Tief in der griechischen Kultur verwurzelt ist die Religion (v.l.n.r.).

Autorin: Klio Verigou studierte Kommunikationswissenschaften und Informatik in Aachen. Heute pendelt sie regelmäßig zwischen ihrem deutschen Wohnort und Griechenland. Als freie Reisejournalistin und Autorin schreibt sie seit über zehn Jahren verschiedene Reiseführer und Reportagen für diverse Buchverlage und Zeitschriften. Die Insel Kreta liegt ihr – als Heimatinsel ihres Vaters – besonders am Herzen.

Fotograf: Christian Heeb gilt als einer der erfolgreichsten Reisefotografen weltweit. Er ist Bildautor von über 200 Bildbänden und unzähligen Kalendern. Seine Bilder werden weltweit durch über 30 Agenturen vertrieben und erscheinen in großen Magazinen. Er betreibt das Cascade Center of Photography, ein in Bend (Oregon) angesiedeltes Studio und Workshop Center mit Fotogalerie. Christian Heeb veranstaltet Fotoreisen und Workshops weltweit.

IMPRESSUM

Verantwortlich: Susanne Kaufmann
Redaktion: Linde Wiesner
Korrektorat: Petra Sparrer
Layout und Producing: Roman Bold & Black
Umschlaggestaltung: Kaj Ritter
Repro: LUDWIG:media
Kartografie: Astrid-Fischer Leitl (Übersichtskarte, Locator), Heike Block (Routenkarten)
Herstellung: Alexander Knoll
Printed in Slowakia by Neografia Martin

★★★★★

Sind Sie mit diesem Titel zufrieden? Dann würden wir uns über ihre Weiterempfehlung freuen.
Erzählen Sie es im Freundeskreis, berichten Sie Ihrem Buchhändler, oder bewerten Sie bei Onlinekauf.
Und wenn Sie Kritik, Korrekturen, Aktualisierungen haben, freuen wir uns über Ihre Nachricht an Bruckmann Verlag, Postfach 40 02 09, D-80702 München oder per E-Mail an lektorat@verlagshaus.de

Unser komplettes Programm finden Sie unter

www.bruckmann.de

In diesem Buch wird aus Gründen der besseren Lesbarkeit das generische Maskulinum verwendet. Weibliche und anderweitige Geschlechteridentitäten werden dabei ausdrücklich mitgemeint, soweit es für die Aussage erforderlich ist.

Empfehlung der Redaktion
Sie sind auf der Suche nach weiterführender Literatur? Dann empfehlen wir Ihnen den Titel »Glücksmomente auf Kreta« von Klio Verigou.

Bildnachweis: Alle Abbildungen des Umschlags und des Innenteils stammen von Christian Heeb außer:
Bildagentur Huber: S. 32 (Huber, J.);
Shutterstock: S. 12 o. (Khuntul laut), S. 12 u. (Rolau Elena), S. 13 o.l. (Le Panda), S. 13 u.l. (Richard Whitcombe), S. 70 (Patryk Kosmider), S. 71 o. (Chygarev, A.), 80 u.l. (Papik), S. 106 (W Verhagen), S. 107 o. (Georgios Tsichlis), S. 107 u. (DUSAN ZIDAR), S. 119 (Maksym Prykhodnyuk), S. 154 (Banet), S. 155 o. (Karas, P.);
Lookphotos: S. 13 r. (Fath, Bethel), S. 14/15 (Runck, Robin), S.43 (Pompe, Ingolf), S. 158 (Pompe, Ingolf), S. 159 o. (Pompe, Ingolf)

Umschlagvorderseite:
Oben: Der Strand von Préveli (shutterstock/Eva Bocek)
Unten: Der Hafen des berühmten Resorts Hersonissos (shutterstock/Georgios Tsichlis)
Umschlagrückseite oben: Die Lagune von Bálos
Umschlagrückseite unten v.l.n.r.: Für Fotos posieren die meisten Kreter gern. Windmühle bei Kloster Toplоú. Wandrelief in Knossós.
S. 2/3: In den Felsen der Chia-Schlucht, nahe Monastiraki, tummeln sich Ziegen.
S. 5: Gastfreundschaft an Kretas Südküste
S. 6/7: Auf der Lassithi-Hochebene
S. 190–191: Das Bergdorf Kapetanianá liegt hoch über dem Meer.

Die Deutsche Nationalbibliothek verzeichnet diese Publikation in der Deutschen Nationalbibliografie; detaillierte bibliografische Daten sind im Internet über http://dnb.d-nb.de abrufbar.

Vollständig überarbeitete Neuauflage

Infanteriestraße 11a
80797 München

ISBN: 978-3-7343-2522-9

Originalausgabe mit dem Titel »Highlights Kreta«
ISBN: 978-3-7654-8374-5

EBENFALLS ERSCHIENEN

ISBN 978-3-7343-1608-1

ISBN 978-3-7654-4869-0

ISBN 978-3-7343-0871-0

ISBN 978-3-7343-0332-6

ISBN 978-3-7343-1869-6

ISBN 978-3-7343-1868-9

ISBN 978-3-7343-1028-7

ISBN 978-3-7343-1867-2

100 Highlights Afrikas Süden
978-3-7343-1033-1

100 Highlights Alpen
978-3-7343-1031-7

100 Highlights Australien
978-3-7343-2391-1

100 Highlights Deutschland
978-3-73433-0147-6

100 Highlights Englands Süden
978-3-7343-0650-1

100 Highlights Europa
978-3-73433-0146-9

100 Highlights Israel
978-3-7343-1656-2

100 Highlights Kanada
978-3-7654-8780-4

100 Highlights Neuseeland
978-3-7343-2394-2

100 Highlights New York
978-3-7343-0797-3

100 Highlights Skandinavien
978-3-7343-0652-5

100 Highlights Südamerika
978-3-7343-0651-8

100 Highlights Südostasien
978-3-7343-0659-4

100 Highlights USA
978-3-7654-8227-4

100 Highlights Wildes Europa
978-3-7343-1318-9

Deutschlands Welterbe
978-3-7343-1175-8

Highlights Antarktis
978-3-7343-0857-4

Highlights Bali
978-3-7343-2393-5

Highlights Bretagne u. Atlantikküste
978-3-7343-1032-4

Highlights Chile · Argentinien
978-3-7654-6031-9

Highlights Costa Rica
978-3-7343-0858-1

Highlights Gardasee
978-3-7654-6772-1

Highlights Iran
978-3-7343-0663-1

Highlights Island
978-3-7654-6497-3

Highlights Japan
978-3-7654-6495-9

Highlights Kreta
978-3-7654-8374-5

Highlights Kuba
978-3-7654-5596-4

Highlights Madeira
978-3-7343-0927-4

Highlights Marokko
978-3-7654-8783-5

Highlights Namibia
978-3-7654-5143-0

Highlights Norwegen
978-3-7654-4827-0

Highlights Oman m. Dubai u. Abu Dhabi
978-3-7343-1672-2

Highlights Peru
978-3-7654-5436-3

Highlights Portugal
978-3-7654-5533-9

Highlights Provence
978-3-7343-1030-0

Highlights Sri Lanka
978-3-7343-0859-8

Highlights Tibet
978-3-7343-2392-8

Highlights USA Der Westen
978-3-7654-5758-6

Highlights Vietnam
978-3-7654-5144-7

ISBN 978-3-7343-1089-8

BRUCKMANN

www.bruckmann.de